Engineering for Curious Kids
Copyright © Arcturus Holdings Limited
Korean translation copyright © 2023 by Nikebooks
This Korean edition published by arrangement with Arcturus Holdings Limited
through YuRiJang Literary Agency.

이 책의 한국어판 저작권은 유리장 에이전시를 통해 저작권자와 독점 계약한 니케북스에 있습니다. 저작권법에 의하여 한국 내에서 보호를 받는 저작물이므로 무단전재 및 복제를 금합니다.

열두 살 궁그미를 위한 공학

과학 시리즈

크리스 옥스레이드 글 · 알렉스 포스터 그림
이충한 옮김

비케이주니어

차례

공학의 세계에 온 것을 환영해요! 7

1장: 공학의 역사 9
고대의 공학 10
산업혁명 12
이동하기 14
다리와 터널 16
새로운 도시를 만드는 공학 18
화학 물질과 일하기 20
전기 이해하기 22
의학 안의 공학 24
자동차, 항공기 그리고 로켓 26

2장: 공학자 되기 29
공학의 분야 30
공학과 수학 32
공학과 과학 34
재료와 구조 36
문제 해결하기 38
설계 과정 40
시제품 제작과 시험하기 42
컴퓨터의 힘 44
아이디어 전달하기 46

3장: 토목공학 49
콘크리트와 강철 50
모양과 구조 52
건물의 구조 54
지반공학 56
초고층 건물 설계하기 58
높게 짓기 60
다리 짓기 62
터널공학 64
도시공학 66

4장: 기계공학 69
   재료 70
   복합재료 72
   공작 기계 74
   단순 기계 76
   자동차공학 78
   항공공학 80
   항공우주공학 82
   조선해양공학 84
   의공학 86

5장: 전기전자공학 89
   전기전자회로 설계 90
   대규모 전기 장치 92
   소규모 전자 제품 94
   통신 96
   전화망 98
   입력 장치와 출력 장치 100
   메커트로닉스 102
   의료용 전자공학 104
   소프트웨어공학 106

6장: 화학공학 109
   화학 공장 110
   화학 공장 운영 112
   석유와 가스 산업 114
   재료공학 116
   식품공학 118
   생화학공학 120
   농장에서 122
   우리를 둘러싼 세상 124
   공학의 미래 126

   용어 풀이 128
   찾아보기 130

공학의 세계에 온 것을 환영해요!

초고층 빌딩부터 다리, 자동차, 기차, 배, 전화기, 컴퓨터, 게임기, 로봇,
인공 팔다리(의수와 의족), 정유 공장, 의약품에 이르기까지,
이 모든 것은 공학의 세계에서 탄생하는 놀라운 것들의 아주 작은 일부분에 불과해요.

공학자를 뜻하는 '엔지니어(engineer)'라는 말은 영리함을 뜻하는 라틴어 '인제니움(ingenium)'에서 온 말이에요.
엔지니어는 과학과 수학을 잘 알고 있으며, 이러한 지식을 활용해서 공학적 문제를 해결해요.
엔지니어는 강 위에 다리를 어떻게 지을지, 농장에서 농작물을 수확하는 로봇을 어떻게 만들지,
케이크 위에 크림을 올리는 기계를 어떻게 만들지 방법을 찾아내지요.

지금부터 공학의 세계로 여행을 떠날 거예요. 여러분은 공학이 어떻게 시작되었는지,
공학의 역사에는 어떤 유명한 사건과 사람들이 있었는지, 오늘날 공학자는 어떻게 일하는지,
공학의 주요 분야(토목공학, 기계공학, 전기전자공학, 화학공학)에서는 무엇을 다루는지 알게 될 거예요.

1장
공학의 역사

공학은 생각보다 오래된 학문이에요. 공학의 역사는 수천 년 전으로 거슬러 올라가지요. 그렇다면, 최초의 엔지니어는 누구였을까요? 아마도 현대의 엔지니어들처럼 돌과 나무로 간단한 도구를 만들고 재료를 골라서 작업했던 수렵-채집민이었을 거예요.

건물처럼 큰 것을 만드는 거대한 규모의 공학은 고대 이집트, 그리스, 로마에서 시작되었어요. 공학은 철, 강철, 증기 기관과 함께 산업혁명 시기에 크게 발전했지요. 그리고 지난 100년 동안 여러 가지 새로운 공학 분야가 생겨났어요. 우선 과거의 엔지니어에 대해 알아봐요.

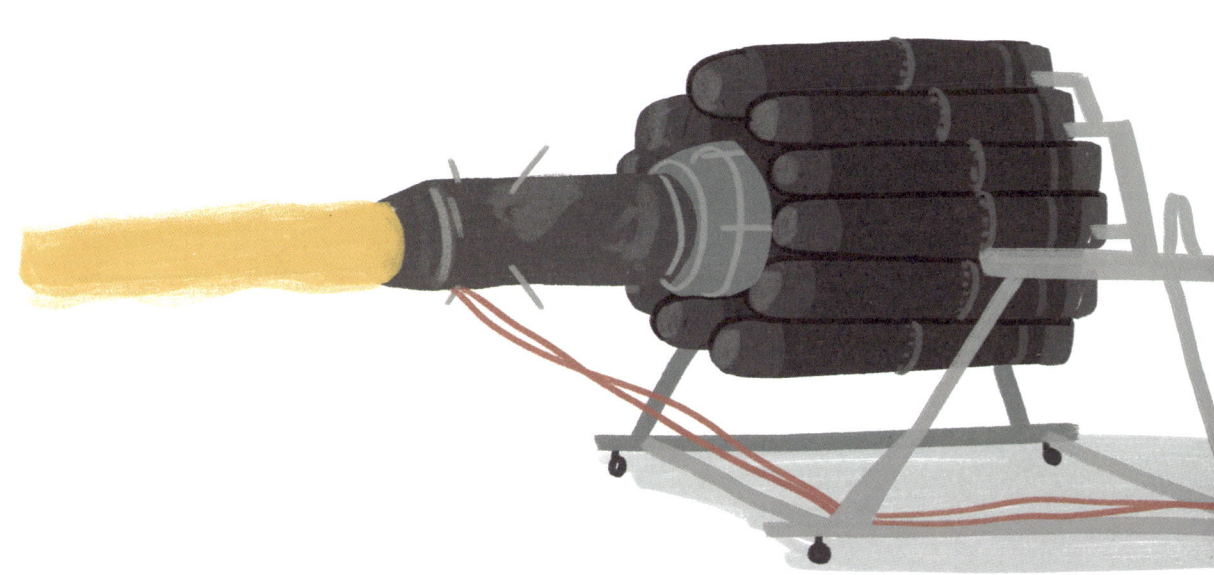

고대의 공학

이집트에 있는 돌로 만들어진 거대한 피라미드를 보면 4,500여 년 전에 이미 뛰어난 토목공학 기술을 가진 엔지니어들이 있었다는 걸 알 수 있어요. 고대 로마의 엔지니어들도 도로, 기념 건축물, 무기를 만드는 전문가들이었지요.

피라미드 건축가들

이집트의 피라미드는 겉보기에는 단순한 형태로 보이지만, 피라미드를 만들기 위해서는 정확한 측량과 세심하게 돌을 자르는 기술이 필요했어요. 초기의 피라미드에는 매끄럽고 기울어진 측면 대신 계단이 있었어요. 기원전 2650년경에 만들어진 조세르의 계단식 피라미드가 그 예랍니다. 이 피라미드는 우리가 알고 있는 최초의 엔지니어 중 한 사람인 임호텝이라는 이집트 엔지니어가 설계하고 만든 것으로 추정돼요.

로마의 도로 기술자들

고대 로마인들은 광활한 제국을 가로지르는 도로망을 건설했어요. 도로는 군대와 물건을 이동하는 데 꼭 필요했지요. 로마의 엔지니어들은 도로를 가능한 한 직선으로 곧게 만들었어요. 그들은 새로운 도로가 놓일 위치를 표시하기 위해 **그로마**라는 측량 기구를 발명했어요. 십자 모양으로 된 그로마의 팔에는 다림추(줄에 매달아 놓은 납추)가 달려 있어서 그로마를 얹어놓은 막대기가 땅에 똑바로 꽂혀 있는지 확인할 수 있었어요. 그로마의 팔을 보고 일직선으로 꽂은 막대기들을 따라 곧은 도로를 만들 수 있었답니다.

그냥 궁금해요

기자의 대피라미드라고도 불리는 이집트의 쿠푸왕 피라미드는 기원전 2465년경에 완성되었고 높이는 146미터였어요. 밑변의 길이는 약 230미터로, 네 변의 길이가 서로 5센티미터도 차이 나지 않을 정도로 거의 정확히 일치해요.

돔 건축물

고대에는 현대의 엔지니어가 사용할 수 있는 재료들, 특히 넓은 지붕이나 다리를 받치는 기둥을 만들 때 사용하는 강철이 부족했어요. 그 대신 로마의 엔지니어들은 화산재와 석회석, 자갈로 만든 콘크리트라는 재료를 사용했지요. 그들은 아치와 돔을 만들기 위해 돌 대신 콘크리트를 사용하는 데 능숙했어요. 로마의 판테온은 세계 최초의 콘크리트 돔 건축물로, 오늘날에도 여전히 제 모습을 유지하고 있답니다.

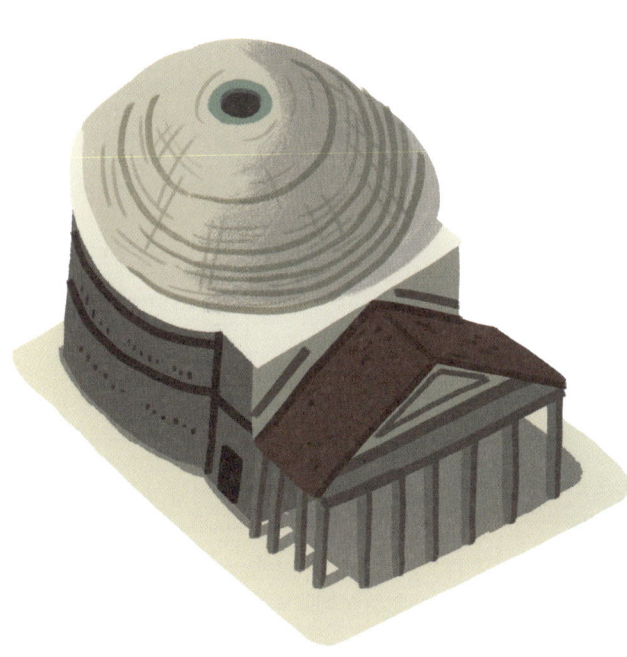

기계 만들기

로마의 엔지니어들은 지렛대, 도르래, 바퀴, **차축**과 같은 단순 기계들의 원리를 잘 이해했고, 그것을 이용해서 무거운 건축 재료를 들어 올리는 크레인을 만들었어요. 1천여 년이 지난 후 중세의 엔지니어들도 이와 비슷한 기계를 사용해서 당시 가장 높은 건물이었던 웅장한 대성당을 지었어요.

산업혁명

약 250년 전, 영국과 서유럽, 미국에 사는 사람들의 생활 방식이 변화하기 시작했어요. 인구가 빠르게 늘어났고, 산업이 시작되었지요. 사람들은 공장에서 일하려고 시골에서 도시로 이주했어요. 이 시기를 산업혁명이라고 해요. 산업혁명을 일으킨 것은 바로 엔지니어들이에요.

증기 기관

18세기에는 석탄과 금속 광석이 점점 더 많이 필요해졌어요. 하지만 석탄과 금속 광석을 찾아 광산을 깊게 파고들어 갈수록 탄광 벽에서 물이 새어 나와 바닥에 고이는 바람에 작업하기가 어려웠지요. 1712년 영국의 공학자 토머스 뉴커먼이 해결책을 찾아냈어요. 그는 탄광에서 물을 퍼내는 증기 기관인 '대기압 기관'을 발명했어요. 수백 개의 대기압 기관이 광산에 설치되었지요. 1760년대에 스코틀랜드의 공학자 제임스 와트는 뉴커먼의 대기압 기관을 고쳐서 더 좋게 만들었어요. 와트의 증기 기관은 뉴커먼의 대기압 기관보다 작고, 작동시키는 데 필요한 석탄의 양도 훨씬 적었어요. 곧 공장의 기계들에도 동력을 공급하기 위해 와트의 증기 기관을 사용하기 시작했어요.

방직 기계

산업혁명 이전에는 양털로 짠 모직물이나 목화솜으로 짠 면직물 등 직물을 생산하는 일은 장인들이 집 안에서 작은 규모로 만들어 내는 가내수공업이었어요. 그 후 기계공학자들은 물레 대신 실을 만들어 내는 기계인 방적기와 실로 천을 짜는 베틀을 자동으로 돌아가게 만든 역직기 등 직물 생산 과정을 대신할 수 있는 기계들을 발명했어요. 실을 뽑아서 천을 짜는 방직기는 증기 기관이 등장하기 전에는 흐르는 물의 힘인 수력으로 움직였어요.

나사 깎기

기계공학의 역사에서 중요한 발전은 '호환성'이었어요. 호환성이란 기계의 어느 한 부품을 빼내서 같은 종류의 다른 기계로 옮겨 끼워도 그 기계가 작동할 수 있도록 부품을 정해진 모양으로 정확하게 만드는 것을 뜻해요. 1797년경 영국의 공학자 헨리 모즐리는 나사를 깎는 기계인 **선반**을 발명했어요. 그가 만든 기계는 나선 모양의 나사산(나사의 막대 부분에 나선형으로 파여 있고 튀어나와 있는 부분)을 아주 정확하게 파낼 수 있었어요. 이 기계가 발명되기 전에는 볼트(원통의 바깥 면에 나사산을 판 수나사)와 너트(원통의 안쪽 면에 나사산을 판 암나사)가 서로 꼭 맞물릴 거라는 보장이 없었답니다!

금속 가공

재료를 자르거나 특정한 모양으로 만드는 기계를 공작 기계라고 해요. 기계공학자들은 전동 톱, 드릴, 선반, 밀링 머신 같은 다양한 공작 기계를 개발했어요. 공작 기계는 기계나 가구, 무기에 들어가는 부품을 전통적인 장인보다 더 정확하고 빠르게 만들 수 있어요. 미국의 공학자 엘리 휘트니는 회전하는 날(커터)을 이용해서 재료를 깎아 금속의 모양을 만드는 최초의 밀링 머신을 발명했어요.

 # 이동하기

산업혁명 시기의 주요 발전 중 하나는 철을 대량으로 생산할 수 있게 된 것이에요.
철은 증기 기관과 함께 장거리 운송을 더 빠르고 편리하게 바꿔 놓았어요.
엔지니어들은 증기로 움직이는 철선(철로 만든 배)과
철로 만든 선로를 따라 열차를 끌고 다니는 증기 기관차를 설계했어요.

더 크고 더 좋은 배

19세기에 엔지니어들은 나무 대신 철로 배를 만들기 시작했어요. 철은 전에 쓰던 재료보다 훨씬 강하고, 기둥이나 판처럼 다양한 모양으로 만들 수 있어서 엔지니어들은 이전보다 훨씬 더 큰 배를 제작할 수 있었어요. 덕분에 더 많은 승객과 짐을 실어 나를 수 있게 되었지요. 바람이 불지 않으면 움직이지 못하는 범선(돛을 달아 바람의 힘으로 움직이는 배)과 달리, 증기 기관으로 움직이는 증기선은 계속 항해할 수 있었어요. 1854년 영국의 엔지니어 이점바드 킹덤 브루넬은 증기선 그레이트이스턴호를 만들었어요.

이점바드 킹덤 브루넬

유명한 토목공학 엔지니어인 이점바드 킹덤 브루넬은 그레이트이스턴호를 비롯해 대양을 항해하는 배와 철도, 다리, 터널을 만들었어요. 그가 처음으로 만든 배인 그레이트웨스턴호는 정기적으로 승객을 태우고 대서양을 건너다닌 최초의 배예요. 또한 그는 영국 런던에서 브리스틀까지 여러 역을 거쳐 다리를 건너고 터널을 지나가는 철도 노선을 계획했어요. 그의 독창적인 다리 설계 덕분에 마차와 기차를 타고 넓은 강과 깊은 계곡을 건널 수 있었답니다.

그냥 궁금해요

브루넬이 만든 거대한 배인 그레이트이스턴호는 배의 앞부분에서 뒷부분까지의 길이가 211미터에 달했어요. 이는 축구장 두 개를 이어 붙인 길이와 맞먹어요. 당시에 가장 큰 배였지요.

철도와 기차

19세기에 엔지니어들은 유럽과 북미 대륙에 수천 킬로미터의 철도를 건설했어요. 이전까지 사람들은 거친 길을 걷거나 마차를 타고 다녀야 했지만, 철도가 생기면서 마을과 도시를 훨씬 빠르게 오갈 수 있게 되었어요. 1860년대에 만들어진 퍼시픽 철도는 북미 대륙을 가로질러 3,075킬로미터에 걸쳐 미국 동부 해안과 서부 해안을 연결했어요. 엔지니어들이 해결해야 할 가장 큰 과제 중 하나는 다리와 터널의 수를 최소한으로 하면서 산을 통과할 수 있는 가장 적절한 경로를 찾는 것이었어요.

다리와 터널

19세기에 도로와 철도, 운하가 빠르게 늘어나면서 공학자들은 넓은 강과 깊은 계곡을 건널 수 있는 새로운 형태의 다리를 발명했어요. 언덕이나 산, 강 아래로 터널을 뚫는 방법도 알게 되었지요.

길게 만들기

수백 년 동안, 오래도록 변함없이 사용할 수 있는 다리는 돌로 만든 아치 형태의 다리밖에 없었어요. 이렇게 만들어진 수천 개의 아치형 돌다리가 지금도 여전히 사용되고 있지만, 이런 다리는 넓고 깊은 강 위를 지날 수 있을 만큼 길게 만들 수는 없었어요. 그래서 공학자들은 철과 강철을 이용해 새로운 형태의 다리를 만들었어요. 철과 강철로 교각을 세우고 교각과 교각 사이에 쇠줄이나 쇠사슬을 건너지르게 한 다음, 거기에 다리를 매달아 놓은 형태의 현수교를 발명했지요. 1883년에 완공된 뉴욕의 브루클린 브리지는 최초의 현수교예요.

바위를 뚫고 터널 파기

산을 뚫고 터널을 파는 것은 기술적으로 매우 어려운 일이었어요. 손으로 파기엔 너무 느려서, 엔지니어들은 폭발물을 사용했어요. 드릴링 머신을 개발해서 구멍을 뚫고, 그 안에 폭발물을 넣어 터트렸지요. 몽스니 터널은 프랑스와 이탈리아를 잇는 14킬로미터 길이의 터널이에요. 14년 동안 구멍을 파고 폭발물을 넣어 터트린 끝에 1871년에 개통된 이 터널은 다이너마이트를 사용해서 만든 최초의 터널이에요.

물 아래로 지나가는 터널

강 아래의 바위를 뚫고 수중 터널을 파는 작업은 엔지니어들에게 주어진 또 다른 문제였어요. 작업하는 동안 터널의 천장과 벽이 무너져 터널이 물에 잠길 수도 있었기에 매우 위험했지요. 이점바드 킹덤 브루넬의 아버지인 마크 이점바드 브루넬이 그 해결책으로 보호 구조물인 실드(shield)를 사용하는 실드공법을 발명했어요. 실드는 작업자들이 터널을 파는 동안 땅이 무너지지 않도록 지탱해 주었어요.

 ## 실패로부터 배우기

공학자들이 항상 완벽한 답을 찾는 것은 아니에요. 그들의 실수는 때때로 재앙으로 이어지기도 했지만, 그로부터 귀중한 교훈을 얻기도 했어요. 1879년 스코틀랜드의 테이 브리지에서 사고가 일어났어요. 기차가 다리를 건너고 있을 때 격렬한 폭풍이 몰아쳐서 다리가 무너지고 말았어요. 안타깝게도 이 다리는 옆에서 불어오는 강한 바람을 견딜 수 있도록 설계되지 않았던 거예요.

새로운 도시를 만드는 공학

19세기에 도시가 빠르게 성장하면서 공학자들이 해결해야 할 문제들이 생겨났어요. 집은 비좁았고, 상수도와 하수도가 부족해 환경이 매우 비위생적이었어요. 그리고 도시 중심부에서 일자리가 늘어나면서, 근교에 사는 노동자들이 출퇴근할 수 있도록 대중교통이 필요했지요.

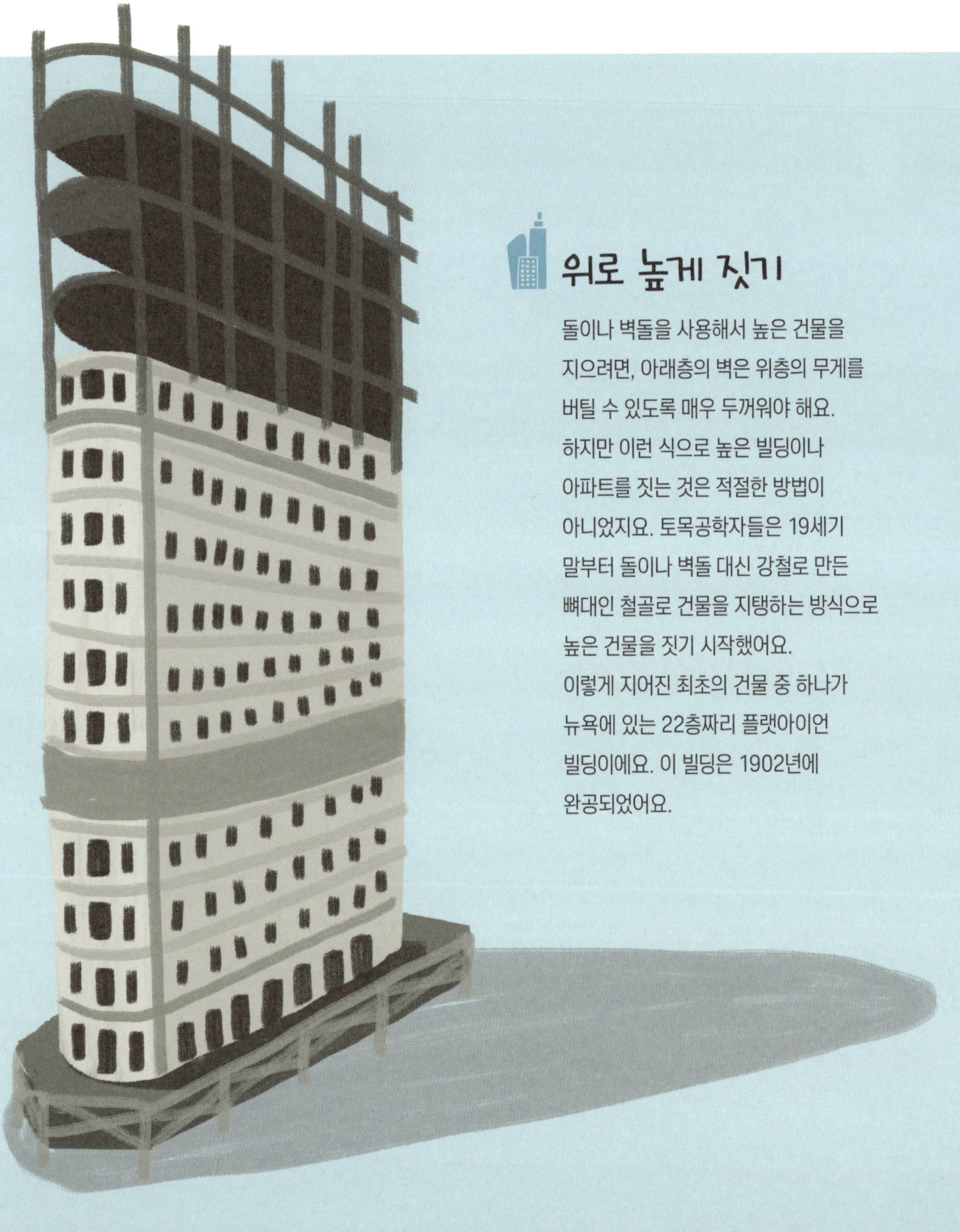

위로 높게 짓기

돌이나 벽돌을 사용해서 높은 건물을 지으려면, 아래층의 벽은 위층의 무게를 버틸 수 있도록 매우 두꺼워야 해요. 하지만 이런 식으로 높은 빌딩이나 아파트를 짓는 것은 적절한 방법이 아니었지요. 토목공학자들은 19세기 말부터 돌이나 벽돌 대신 강철로 만든 뼈대인 철골로 건물을 지탱하는 방식으로 높은 건물을 짓기 시작했어요. 이렇게 지어진 최초의 건물 중 하나가 뉴욕에 있는 22층짜리 플랫아이언 빌딩이에요. 이 빌딩은 1902년에 완공되었어요.

🏙 지하로 다니기

도시에 일자리가 늘어나면서 엄청나게 많은 사람이 출퇴근을 위해 이동하기 시작했어요. 공학자들은 사람들이 빠르고 효율적으로 이동할 방법을 찾아야 했지요. 몇몇 도시에서는 차가 막히는 번잡한 거리를 피해 지하로 이동하는 것이 최선의 해결책이었어요. 즉, 지하에 터널을 파서 지하철역을 만드는 방법이었지요. 1863년 런던에서 세계 최초의 지하철이 개통되었어요. 증기 기관차가 나무로 된 객차를 끄는 형태였답니다.

깨끗한 물을 집까지

19세기 빠르게 성장하는 도시에서는 콜레라처럼 불쾌하고 생명을 위협하는 질병들이 흔했어요. 깨끗한 물이 부족했고 사람들의 배설물이 개울과 강으로 흘러 들어갔기 때문에 질병이 쉽게 퍼졌지요. 그래서 정부 기관에서는 엔지니어들을 고용해서 도시 주변 지역에 댐을 지어 깨끗한 물을 저장하고, 뉴욕 할렘강의 하이브리지와 같은 수로 시설을 만들어서 댐에 있는 깨끗한 물을 도시로 끌어올 수 있게 했어요. 엔지니어들은 더러워진 물을 흘려 보내기 위해 하수도를 설치하고, 더러운 물을 깨끗하게 정화하는 하수처리장도 만들었어요.

화학 물질과 일하기

19세기에 도시와 산업이 발달하면서 화학 물질이 필요해졌어요.
조명 및 난방용 연료가 필요했고, 유리 같은 재료를 만들거나 농사를 짓는 데도
화학 물질이 필요해지면서 화학공학이라는 새로운 공학 분야가 탄생하게 되었어요.

화학공학의 아버지

영국의 화학자 조지 E. 데이비스는 최초의 화학공학자 중 한 사람이에요. 그는 여러 개의 화학 공장을 설계하고 건설했어요. 또한 소다회 공장에서 검사관으로 일하면서 너무 많은 산성 물질이 공기 중으로 내보내지지 않도록 감독했지요. 이후 그는 영국 맨체스터에서 화학공학 강사가 되었고, 1887년에는 화학 공장에서 사용되는 화학 공정에 관한 최초의 책인 《화학공학 핸드북》을 펴냈어요.

솔베이의 소다회 공장

소다회(탄산소듐)는 유리와 여러 가지 화학 물질을 만드는 데 쓰이는 중요한 재료예요. 원래 소다회는 자연에서 채취했는데, 필요한 양이 많아지다 보니 **합성** 소다회가 필요해졌어요. 벨기에의 화학공학자 에르네스트 솔베이와 그의 팀은 합성 소다회를 만드는 방법을 발명했어요. 1877년, 그들은 지역 유리 제조업체에 공급할 소다회를 만들기 위해 거대한 화학 공장을 열었어요.

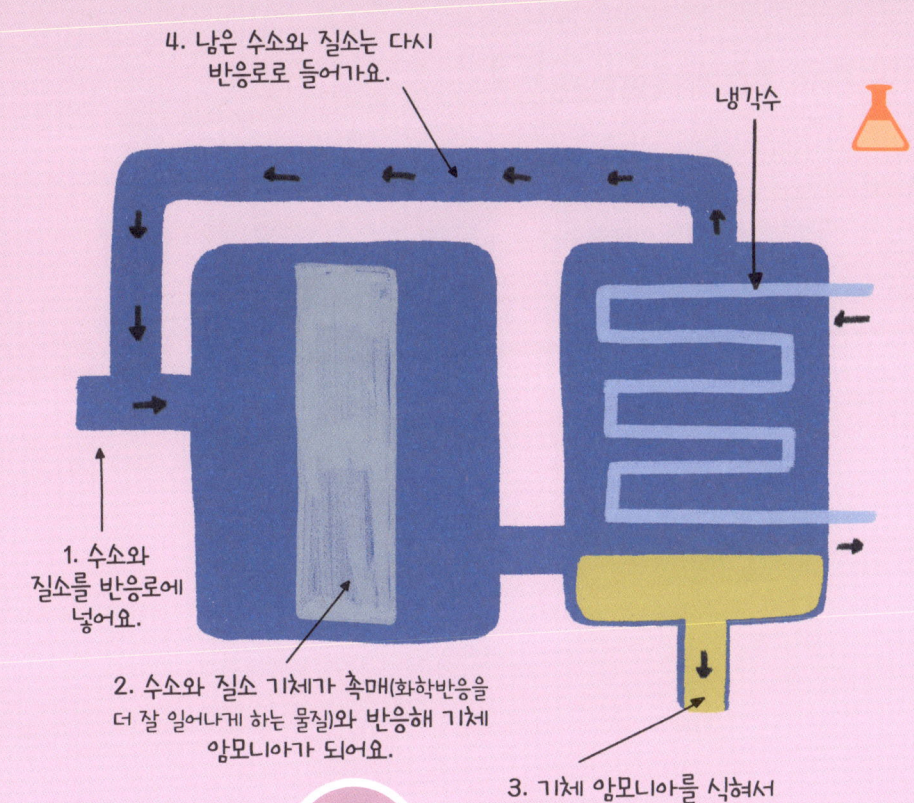

4. 남은 수소와 질소는 다시 반응로로 들어가요.

냉각수

1. 수소와 질소를 반응로에 넣어요.

2. 수소와 질소 기체가 촉매(화학반응을 더 잘 일어나게 하는 물질)와 반응해 기체 암모니아가 되어요.

3. 기체 암모니아를 식혀서 액체 암모니아로 만들어요.

농업용 암모니아

19세기와 20세기 초에 세계 인구가 늘어나면서 더 많은 식량이 필요해졌어요. 화학공학자들은 더 많은 농작물을 수확할 수 있게 하는 인공 비료를 만들어 도움을 주었어요. 암모니아는 비료를 만드는 데 꼭 필요한 물질이에요. 프리츠 하버와 카를 보슈라는 독일의 두 화학자가 암모니아를 만드는 방법을 개발했어요. 이 방법을 하버-보슈법이라고 불러요. 1910년부터 하버-보슈법을 이용해 암모니아를 대량으로 생산하기 시작했어요.

그냥 궁금해요

비료용 암모니아를 만드는 하버-보슈법이 발명되지 않았다면, 세계 인구는 지금의 절반밖에 되지 않았을 거라고 해요!

빛을 내기 위한 기름

화학공학자들은 **증류**라는 화학 공정을 통해 석탄과 석유에서 쓸모 있는 물질을 뽑아내는 방법을 알아냈어요. 등유는 이렇게 추출된 물질 중 하나로, 가정과 광산에서 불을 밝히는 데 사용한 석유램프의 연료로 쓰였어요. 석유램프가 전등으로 대체되기 시작한 20세기 초까지 등유는 램프의 연료로 널리 쓰였어요.

 # 전기 이해하기

오늘날 우리는 집과 공장에서 전자 제품과 기계를 켜기 위해 전기를 이용하고 있어요. 과학자들이 전기를 저장하고 제어하는 방법을 발견하면서 전기공학이 시작되었어요. 전기공학자들은 과학을 응용해 우리가 전기를 사용할 수 있도록 만들었어요.

중요한 발견

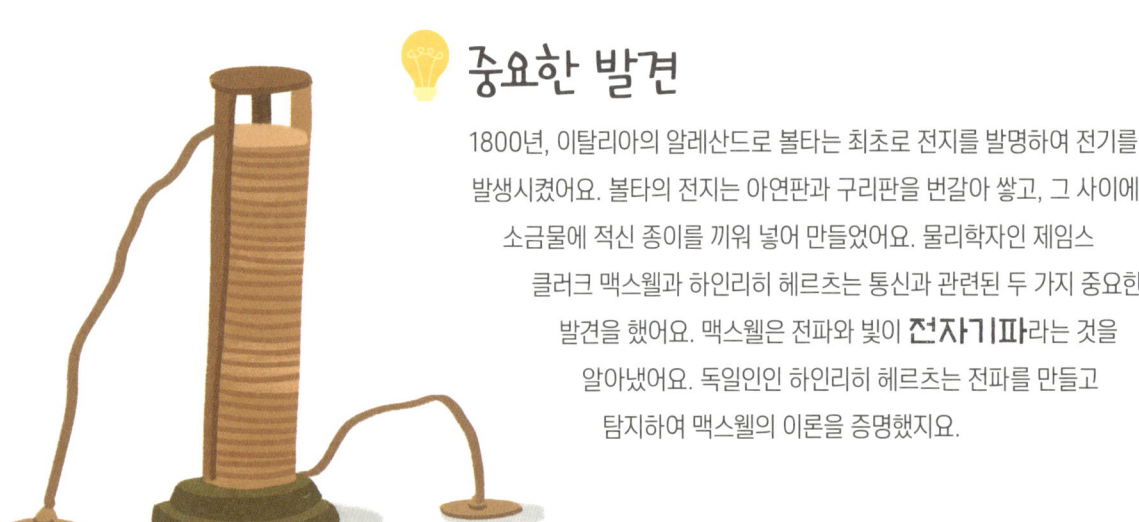

1800년, 이탈리아의 알레산드로 볼타는 최초로 전지를 발명하여 전기를 발생시켰어요. 볼타의 전지는 아연판과 구리판을 번갈아 쌓고, 그 사이에 소금물에 적신 종이를 끼워 넣어 만들었어요. 물리학자인 제임스 클러크 맥스웰과 하인리히 헤르츠는 통신과 관련된 두 가지 중요한 발견을 했어요. 맥스웰은 전파와 빛이 **전자기파**라는 것을 알아냈어요. 독일인인 하인리히 헤르츠는 전파를 만들고 탐지하여 맥스웰의 이론을 증명했지요.

사람들을 위한 전력

미국의 유명한 발명가이자 공학자인 토머스 에디슨은 최초의 전기공학자 중 한 사람이었어요. 1882년 에디슨은 전기를 판매하는 미국 최초의 상업용 발전소를 열었어요. 펄 스트리트 스테이션이라고 불린 이 발전소는 뉴욕 맨해튼에 전기를 공급하여 수천 개의 전구를 밝혔어요. 발전소 안에서는 증기로 움직이는 **발전기**를 통해 전기를 생산했어요.

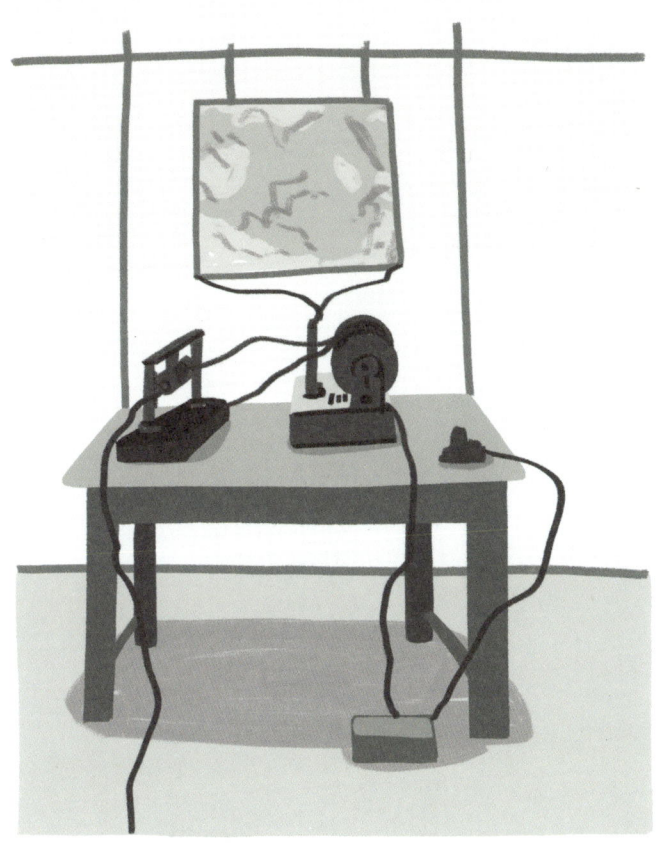

무선 통신

이탈리아의 과학자이자 공학자인 굴리엘모 마르코니는 맥스웰과 헤르츠의 업적을 이어받아 무선 전보를 보낼 수 있는 장치를 발명했어요.
그는 무선 신호를 만들어 보내는 송신기와 그 신호를 받는 수신기를 설계했어요. 처음에는 무선 신호를 방 안에서만 보내고 받을 수 있었지만, 1899년에는 영국에서 프랑스까지 50킬로미터 이상 떨어진 곳으로 무선 통신을 보낼 수 있었어요. 1901년에는 무선 신호를 대서양 건너편까지 보냈지요. 이처럼 마르코니는 통신공학 분야에서 아주 중요한 업적을 남겼답니다.

전자 부품

전자회로에 흐르는 전류의 양은 회로를 구성하는 전자 부품들을 이용해 조절해요. 최초의 전자 부품은 **진공관**이라고 불렸고, 내부가 진공 상태인 유리관 안에서만 작동했어요. 진공관은 라디오와 초기 컴퓨터에 사용되었어요. 1947년 미국 벨 연구소의 공학자들은 **반도체**를 이용한 **트랜지스터**를 발명했고, 이후 트랜지스터가 진공관을 대체했어요. 훗날 이런 전자 부품들은 아주 작은 크기로 만들어져 마이크로칩에 들어가게 되었어요.
현대의 전자 장치에는 이런 부품들이 수천 개 이상 들어가 있기도 해요.

의학 안의 공학

기계공학자들은 의학 분야에서도 공학 기술을 활용하기 시작했어요.
처음에는 의수와 의족 같은 기계적 보조 장치를 만들었어요.
의학 지식이 풍부해지고 수술 기술이 발전함에 따라,
공학자들은 의료 장비와 인공 장기를 설계하여 도움을 주었답니다.

인공 팔다리

팔과 다리를 대신하는 장치인 의수와 의족은 처음으로 공학 기술을 의학에 적용한 사례예요. 고대 이집트에서도 아주 단순한 형태의 의수와 의족이 만들어졌던 만큼 이 아이디어는 완전히 새로운 것은 아니었으나 19세기, 특히 1860년대에는 미국에서 남북전쟁이 일어나 전쟁 중 팔다리를 잃은 군인들이 많아지면서 의수와 의족이 더 많이 필요해졌어요. 그 당시에는 다친 팔다리를 절단하는 것이 부상당한 군인들의 생명을 구하는 최선의 방법이었어요. 오른쪽 그림은 1871년에 제작된 의족으로, 무릎에 경첩(힌지)이 달려 있어서 걸을 때 종아리를 자연스럽게 구부릴 수 있었어요.

인공 심장

인공 심장은 환자의 손상되거나 건강하지 않은 심장을 대신하는 펌프예요. 보통 환자들은 심장 이식이 가능할 때까지 임시로 인공 심장을 달고 있어요. 미국인 의사 로버트 자빅이 설계한 자빅-7(Jarvik-7) 인공 심장은 알루미늄과 플라스틱으로 만들어졌어요. 1982년에 처음으로 환자에게 이 인공 심장을 달았어요. 하지만 안타깝게도 이 인공 심장의 설계는 성공적이지 못했어요.

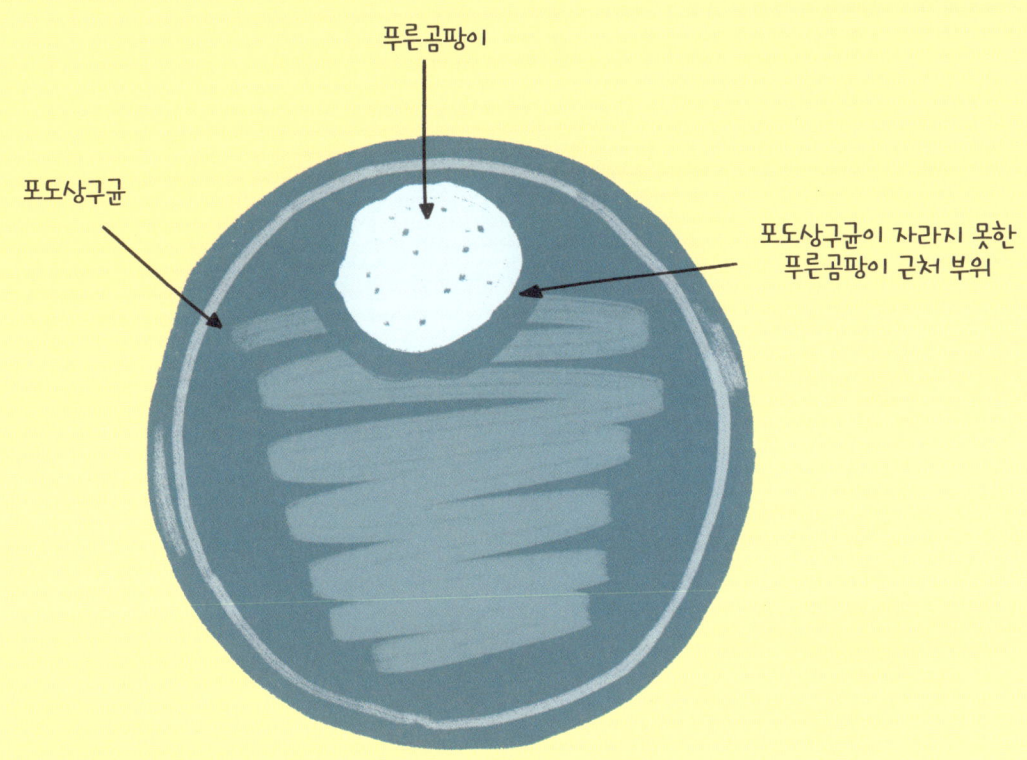

포도상구균

푸른곰팡이

포도상구균이 자라지 못한 푸른곰팡이 근처 부위

 ## 약물 개발

공학 기술은 질병 치료를 위한 새로운 약을 개발하는 데도 쓰여요. 생화학공학자들은 인체를 이루고 있는 복잡한 화학 물질을 연구해요. 생화학공학의 가장 큰 발전은 최초의 항생제인 페니실린을 대량으로 생산할 수 있게 된 것이에요. 페니실린은 1928년 푸른곰팡이 주변에는 세균이 자라지 못하는 것을 관찰한 알렉산더 플레밍이 푸른곰팡이에서 추출한 항생 물질이에요. 하지만 플레밍은 페니실린을 대량으로 생산하는 방법을 찾지는 못했어요. 그 후 제2차 세계 대전 중에 페니실린의 대량 생산에 성공해 감염 퇴치에 널리 사용됐어요.

 ### 그냥 궁금해요

페니실린은 제2차 세계 대전이 끝나기 1년 전인 1944년에 널리 쓸 수 있게 되었어요. 전쟁의 마지막 해에 페니실린은 전쟁터에서 다친 군인 수천 명의 목숨을 구했답니다.

자동차, 항공기 그리고 로켓

20세기 동안 공학자들은 자동차와 항공기, 우주선을 설계하고 제작했어요.
제트 엔진과 로켓 엔진 같은 새로운 기술을 개발하고 자동차와 항공기를 생산하는 공장을 지었어요.
이렇게 자동차공학과 항공공학, 항공우주공학이라는 새로운 공학 분야가 등장했어요.

대량 생산

19세기 말과 20세기 초에 제작된 초기의 자동차들은 작은 규모의 공장에서 하나씩 만들어졌어요. 그래서 생산 속도는 느리고 자동차 가격은 비쌌지요. 자동차가 공장에서 생산 라인을 따라 이동하며 부품이 추가 조립되는 방식으로 대량 생산되기 시작하면서 자동차공학이 크게 발전했어요. 세계 최초로 대량 생산된 자동차인 '포드 모델 T'의 제작은 1908년에 시작되었어요. 이 모델 T는 생산 비용을 줄이기 위해 대량 생산이 가능한 생산 라인에서 만들어지도록 설계되었지요.

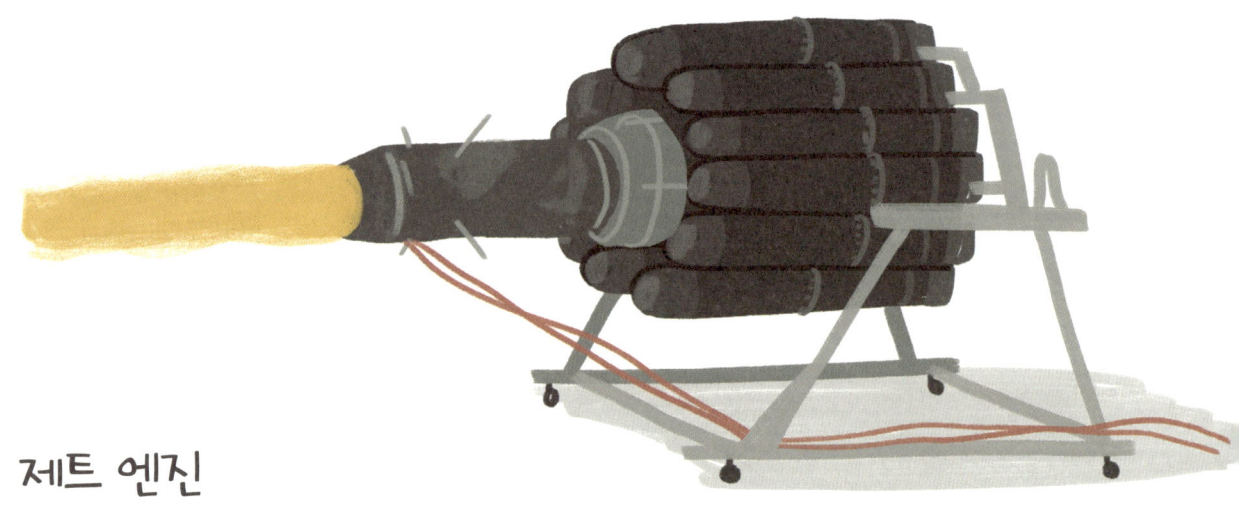

제트 엔진

100여 년 전에 최초의 항공기가 떠오른 이래로 항공공학자들은 더 크고, 더 빠르고, 더 안정적이고, 더 안전하게 비행할 수 있는 항공기를 만들 방법을 연구해 왔어요. 그들은 새로운 유형의 항공기와 항공기 엔진 그리고 항공기를 조종하는 새로운 방법을 생각해 냈어요. 1930년대에 영국의 공학자 프랭크 휘틀은 프로펠러 엔진이 한계 속도에 도달한 후에 빨라진 항공기에 추진력을 공급해 줄 제트 엔진을 설계했어요. 그의 아이디어는 처음에는 큰 관심을 끌지 못했어요. 그래도 휘틀은 계속해서 제트 엔진을 연구했고, 마침내 그의 첫 번째 **시제품** 엔진이 1937년에 완성되어 성공적으로 작동했답니다.

우주를 향한 공학

1940년대에 베르너 폰 브라운이 이끈 독일의 공학자 팀은 V2라는 로켓 무기를 개발했어요. 이것이 항공우주공학이라는 새로운 공학 분야의 시작이었어요. 폰 브라운의 팀은 로켓 엔진을 설계하고, 그것을 공중으로 발사하여 원하는 방향으로 유도할 방법을 찾아야 했어요. 폰 브라운은 미국으로 가서 연구를 계속했고, 지구 궤도를 돌 수 있는 로켓을 개발했어요. 그는 나사(NASA, 미국항공우주국)에서 일하면서 1969년 우주 비행사를 달에 보낸 로켓인 거대한 새턴 V 로켓을 설계한 팀을 이끌었답니다.

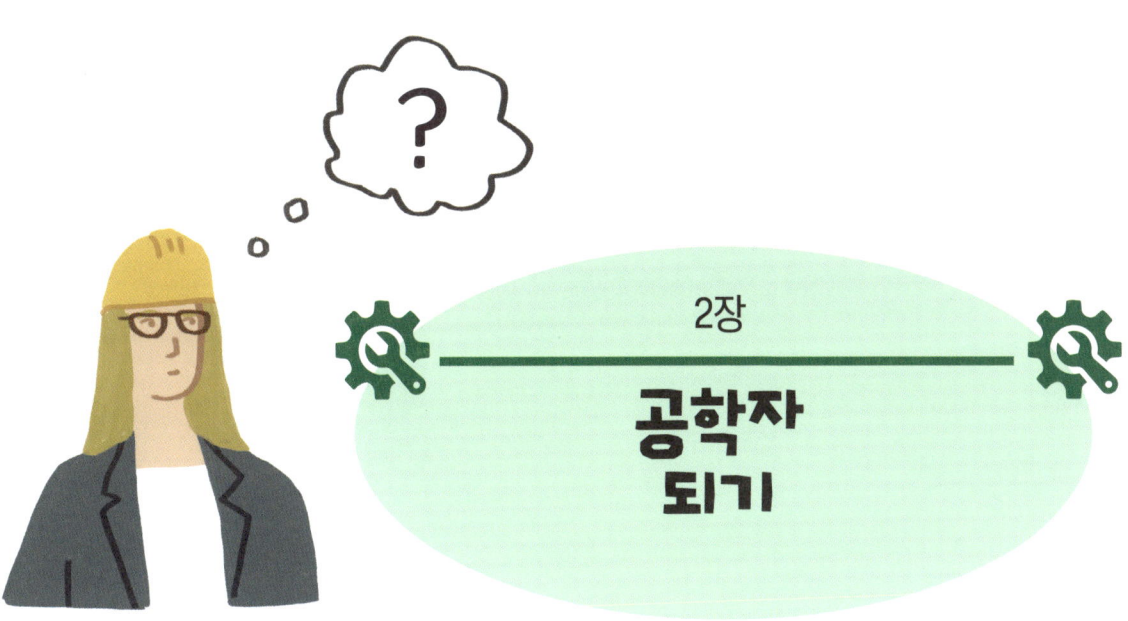

2장
공학자 되기

이 장에서는 공학자가 되려면 무엇을 알아야 하는지 살펴볼 거예요.
먼저 수학과 과학을 잘 알지 못하면 공학자가 될 수 없어요. 측정하고 계산하려면 수학이 필요하고,
우리 주변의 세상이 어떻게 움직이는지 이해하려면 과학을 잘 알아야 하기 때문이에요.
또한 공학자는 자신이 다루는 공학 분야도 공부해야 하지요.

공학자들이 매일매일 어떻게 일하는지도 알아볼 거예요.
공학자는 해결해야 하는 문제가 생기면, 설계 과정이라고 하는 단계를 따라 해결책을 찾아요.
그들은 아이디어를 모으고 스케치한 뒤 몇 가지 방법을 시도해 봐요.
처음부터 다시 방법을 생각해야 할 때도 있지만,
대부분 결국에는 답을 찾아낸답니다.

공학의 분야

오늘날 공학이라는 단어는 다양한 영역에서 쓰여요.
공학에는 크게 토목공학, 기계공학, 전기전자공학, 화학공학의 네 가지 주요 분야가 있어요.

아래의 나무 그림에는 공학의 네 가지 주요 분야가 나타나 있어요.
이 외에도 생화학공학이나 컴퓨터 프로그래밍과 관련된 소프트웨어공학 등
여러 가지 전문 공학 분야가 있답니다.

기계공학

기계공학은 가위부터 항공기까지, 다양한 기계와 도구를 설계하는 분야예요. 기계공학자는 주로 금속을 다루고, 기계에 들어가는 부품을 만들기 위해 재료를 어떻게 가공해야 하는지 알고 있어요. 기계공학자는 물리학, 수학, 재료과학을 이해해야 해요.

전기전자공학

전기전자공학자는 간단한 초인종부터 복잡한 태블릿에 이르기까지 전기 장치와 전기전자회로를 설계하고 제작해요. 그들은 기계공학자들과 함께 로봇을 비롯한 자동으로 움직이는 기계를 만들고 통신 기술을 개발해요. 전기전자공학자는 수학과 물리학을 공부하는 전기 전문가예요.

토목공학

토목공학자는 고층 건물, 다리, 터널, 도로, 댐과 같은 구조물을 지어요. 그들은 강철과 콘크리트 같은 강한 재료와 크레인, 굴착기 같은 힘센 기계들을 가지고 작업해요. 토목공학자는 물리학, 수학 그리고 재료를 공부해요.

화학공학

화학공학자는 플라스틱이나 연료 같은 화학 물질을 생산하는 공장과 설비를 설계하고 관리해요. 화학공학자는 수학과 물리학도 공부하는 화학 전문가예요.

31

공학과 수학

수학은 공학자에게 가장 중요한 학문 중 하나예요.
수학 없이는 대부분의 공학 작업을 수행할 수 없기 때문이에요. 그래서 공학자는 측정이나 계산 같은 기본적인 개념부터 미적분학이나 통계 같은 복잡한 개념까지 공부해야 해요.

신중한 측정

측정은 공학에서 꼭 필요한 기술이에요. 공학자는 기계 부품의 길이나 도로의 폭을 측정해야 하거나 속도, 부피, 힘의 강도, 산도, 전류나 전압 같은 양을 측정해야 할 때도 있어요. **캘리퍼스**(왼쪽 위의 그림)는 기계공학 엔지니어가 나사처럼 작은 물체의 길이와 너비를 정확하게 측정하는 데 사용하는 도구예요. **세오돌라이트**(왼쪽 아래 그림)는 주로 토목공학 엔지니어가 건물을 지을 땅을 측량할 때 각도와 거리를 측정하기 위해 사용하는 도구예요.

큰 숫자와 작은 숫자

엔지니어는 자신이 다루는 물체의 크기를 일상적인 사물의 크기와 비교해서 이해하고, 그 크기를 측정하고 숫자로 기록하는 법을 알아야 해요. 예를 들어 엔지니어는 나사의 너비를 측정할 때 밀리미터를 사용하고, 건물의 너비를 측정할 때는 미터를 사용해요. 엔지니어는 10의 거듭제곱과 단위 접두어(단위 앞에 붙는 단어)를 이용해서 크고 작은 양을 표시해요. 예를 들어 밀리(m)는 1,000분의 1, 즉 0.001을 의미하며 10^{-3}으로 쓰기도 해요. 따라서 밀리볼트는 1/1,000볼트예요.

숫자		거듭제곱	접두어	기호
십억	1,000,000,000	10^9	기가	G
백만	1,000,000	10^6	메가	M
천	1,000	10^3	킬로	k
일	1	10^0	(없음)	(없음)
천 분의 일	0.001	10^{-3}	밀리	m
백만 분의 일	0.000001	10^{-6}	마이크로	μ
십억 분의 일	0.000000001	10^{-9}	나노	n
일조 분의 일	0.000000000001	10^{-12}	피코	p

공학자는 삼각형, 사각형, 원 같은 2차원 도형과 직육면체나 구 같은 3차원 도형들도 이해해야 해요. 그리고 이러한 도형들의 넓이와 부피를 계산하는 방법도 알아야 하지요. 예를 들어 토목공학자는 직사각형 구덩이의 부피를 파악하여 구덩이를 채우려면 얼마만큼의 콘크리트가 필요한지 알아내야 하고, 화학공학자는 특정 용기에 담을 수 있는 액체의 부피를 알기 위해 용기의 크기를 알아내야 해요.

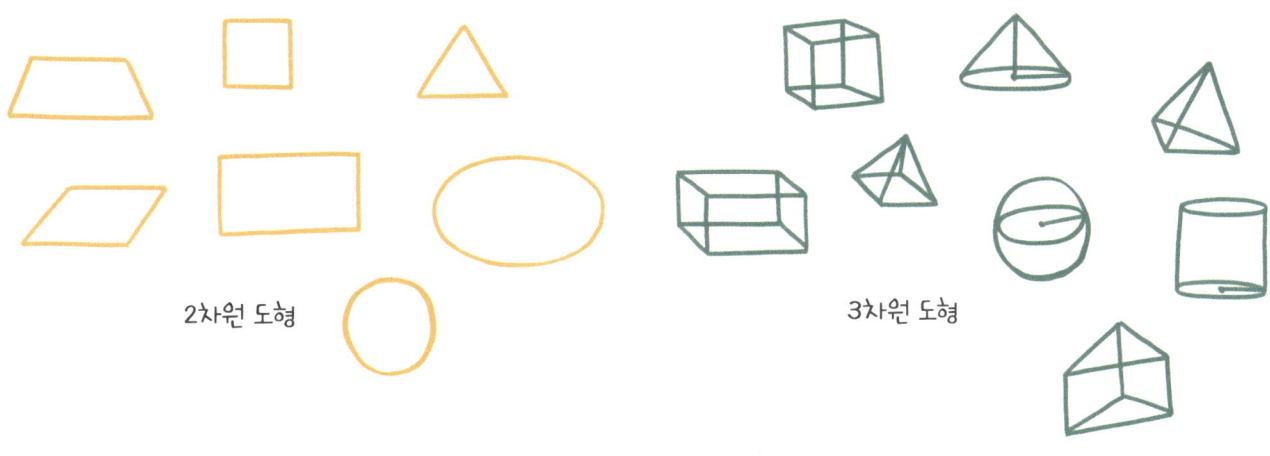

2차원 도형

3차원 도형

그래프로 이해하기

공학자는 데이터를 분석하여 그 관계를 나타내기 위해 그래프와 도표, 표를 이용해요. 전기전자공학에서 **사인파**(오른쪽 그림)는 시간이 지남에 따라 전류의 세기가 어떻게 변하는지 보여 주지요. 그래프와 도표, 표는 데이터를 이해하기 쉽게 해 주는 유용한 도구예요.

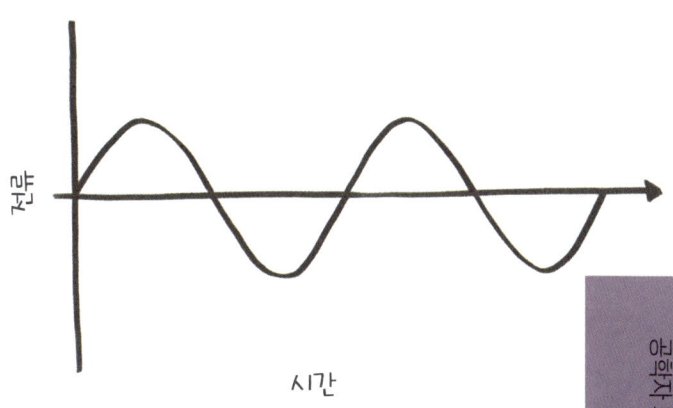

공학과 과학

공학자는 자신이 연구하는 공학 분야에 관한 과학 지식을 가지고 있어야 해요.
토목공학자와 기계공학자는 물리학과 재료과학을 잘 알아야 하고,
전기전자공학자는 전자기학 지식이 필요하며, 화학공학자는 화학 전문가가 되어야 해요.

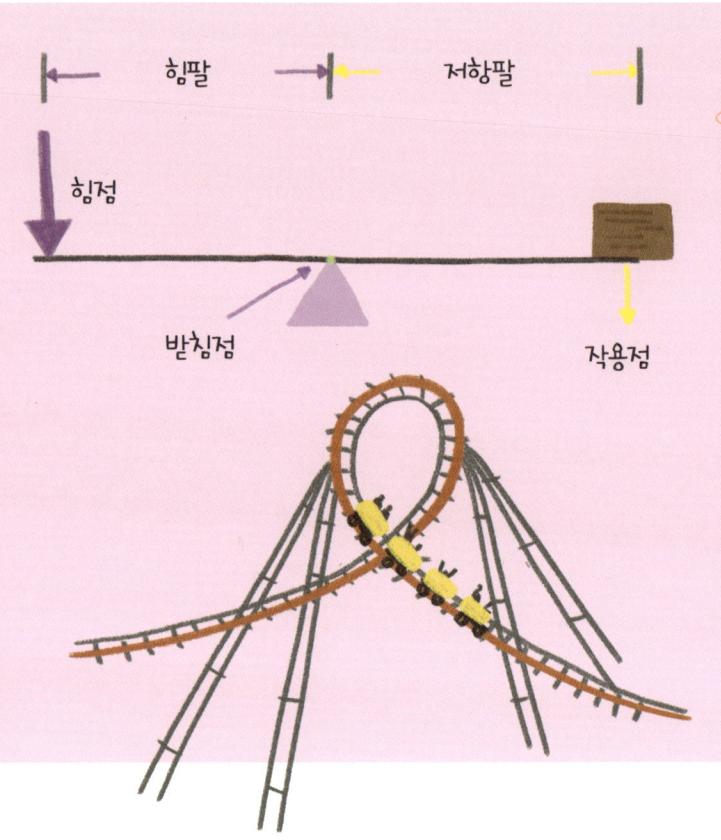

힘과 기계

물리학의 한 분야인 **역학**은 토목공학자와 기계공학자에게 가장 중요한 분야예요. 역학은 힘, 물체가 움직이는 방식, **지렛대**나 **도르래**와 같은 단순 기계들에 관한 학문이에요. 역학은 공학자에게 힘이 어떻게 물체를 움직이고, 찌그러뜨리고, 구부러지게 하는지 알려 줘요. 어떤 공학자는 힘이 재료뿐만 아니라 사람에게 어떤 영향을 주는지도 생각해요. 예를 들어 롤러코스터를 설계하는 공학자는 롤러코스터를 탄 사람이 기절하거나 아픔을 느끼지 않고 재미있게 즐길 수 있도록 만드는 것이 목표예요.

 화학

화학공학자는 화학 공장을 설계하고 건설할 수 있도록 화학을 잘 알아야 해요. 새로운 화학 물질을 만들려면 화학 물질들을 서로 반응시키거나 분리해야 하므로 화학반응에 관한 지식이 필요하지요. 화학공학뿐만 아니라 다른 공학 분야의 엔지니어도 화학을 이해할 필요가 있어요.

화학반응

회로도

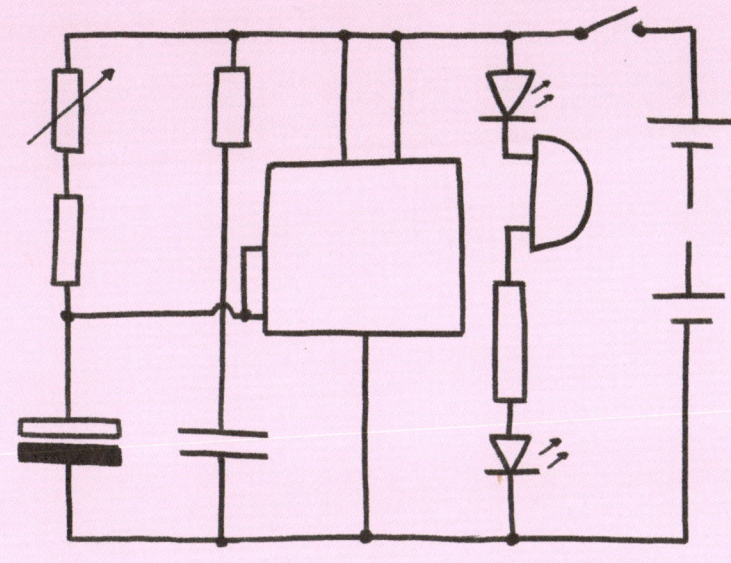

 ## 전자기학

전기전자공학자는 전자기학 지식을 이용해서 발전기부터 게임기에 이르기까지 모든 전기전자 제품에 들어가는 전기전자회로를 설계하고 제작해요. 그들은 전류가 흐르는 방식, 전기전자 부품들의 작동 원리, 부품들을 조합하여 다양한 작업을 수행하는 회로를 만드는 방법, 자신의 설계를 다른 사람에게 전달하기 위해 회로도를 그리는 방법을 알아야 해요.

 ## 에너지와 힘

어떤 일을 하려면 그 일을 할 수 있을 만큼의 에너지가 필요해요. 그래서 공학자는 에너지와 힘(에너지가 한 곳에서 다른 곳으로 얼마나 빨리 전달되는지를 의미해요)에 대해 잘 알아야 해요. 풍력 발전기를 설계하는 전기전자공학자는 바람이 풍력 발전기의 날개를 회전시켜 얻은 힘으로 얼마만큼의 전기 에너지를 생산할 수 있는지 알아야 해요. 화학공학자는 화학 공장에서 화학반응을 일으키려면 얼마만큼의 에너지가 필요한지 알아야 하지요.

재료와 구조

기계공학자와 토목공학자는 작업할 때 사용되는 금속, 플라스틱, 세라믹, 목재 등 여러 가지 재료의 특성을 잘 이해해야 해요. 또 기계나 건물 등을 어떤 모양으로 만들어야 힘이 가해져도 구부러지거나 휘어지지 않을 만큼 튼튼한지 알아야 하지요.

재료의 특성

공학자는 다양한 재료의 특성을 알고 있어야 해요. 이러한 특성에는 신축성(얼마나 쉽게 늘어나고 줄어드는지), 밀도(부피당 무게가 얼마인지), 경도(얼마나 단단한지), 전기 전도도(전기가 얼마나 잘 흐르는지), 열전도도(열이 얼마나 잘 전달되는지) 등이 있어요. 예를 들어 자전거 헬멧은 단단한 플라스틱으로 만든 겉껍데기 안에 충격을 흡수할 수 있는 스티로폼이 들어가 있어요. 자전거의 몸체를 만드는 데 쓰는 탄소섬유 강화 플라스틱 같은 복합재료는 서로 다른 특성을 가진 재료들을 섞어서 만들어요. 이렇게 만든 탄소섬유 강화 플라스틱은 가볍지만 아주 강해요.

 재료의 강도

공학자는 기계의 부품이나 구조물이 사용 중에 부서지거나 찌그러지지 않도록, 기계나 구조물을 만들 때 쓰는 재료가 사용 목적에 맞게 충분히 강한지 확인해야 해요. 이를 위해 강철, 콘크리트 등 다양한 재료의 늘어날 때의 강도(인장 강도)와 눌릴 때의 강도(압축 강도)를 알아야 하지요. 엔지니어들은 사용하는 재료의 강도를 정기적으로 시험해 봐요. 예를 들어, 강철의 **인장 강도**는 강철 조각이 끊어질 때까지 잡아당겨서 측정해요.

그냥 궁금해요

엔지니어들은 때때로 목적에 따라 의외의 재료를 고르기도 해요. 몇몇 자전거 엔지니어들은 자전거의 몸체를 나무로 만들어 보았답니다. 나무는 진동을 흡수하여 부드럽고 편안한 승차감을 주니까요.

튼튼한 모양

엔지니어들은 좀 더 튼튼한 모양들을 잘 알고 있어요. 건물과 다리를 지탱하는 뼈대나 기계의 형태를 잡아 주는 틀에서 우리는 종종 삼각형을 볼 수 있어요. 삼각형은 힘으로 누르거나 당겨도 원래의 모양이 쉽게 변하지 않는 튼튼하고 안정적인 모양이기 때문이에요. 자전거 몸체에 두 개의 삼각형이 다이아몬드 모양을 이루고 있는 것도 삼각형이 자전거 몸체의 형태를 잘 지탱해 주기 때문이에요. 아치, 돔, 원기둥도 튼튼한 모양이지요.

문제 해결하기

공학자는 문제에 대한 답을 찾기 위해 한 단계씩 밟아 나가요. 이를 '공학 설계 과정'이라고 해요.
공학자들은 새로운 유형의 킥보드를 만들 때도, 화학 공장을 지을 때도,
전자 제품을 설계할 때도, 도로 위에 육교를 지을 때도 같은 설계 과정을 거쳐요.

소통하기

마지막으로 공학자는 최종 제품을 만들 팀에 설계 내용을 전달해요. 공학자는 최종 설계도를 작성하고, 설계 사양을 기록해 두지요.

개선하기

만약 시제품이 서로 맞지 않거나 제대로 작동하지 않는다면 설계를 개선해야 해요. 또 다른 시제품을 만들어야 하지요. 이 과정은 제품이 설계한 대로 작동하고 문제에 대한 답을 찾을 때까지 계속돼요.

시험하기

이제 시제품이 설계한 대로 작업을 수행하는지 시험해 볼 순서예요. 과연 이 제품은 1단계에서 해결하기로 한 문제에 대한 답이 될 수 있을까요?

질문하기

공학자는 문제를 해결하기 전에 무엇이 문제인지 알아야 해요.
공학 설계 과정의 첫 번째 단계는 항상 해결해야 하는 문제를 적어 보는 것이지요.

생각 모으기

다음 단계는 문제를 해결하기 위한 아이디어를 생각해 내는 거예요. 이 단계에서 공학자는 동료들과 생각을 모아 보고, 아이디어를 메모하고, 다른 사람들은 비슷한 문제를 어떻게 해결했는지 조사해 봐요.

설계

생각 모으기 단계에서 나온 아이디어를 좀 더 자세하게 계획해요. 킥보드를 예로 들면, 공학자는 킥보드에 들어갈 모든 부품의 설계도를 그리고, 어떤 재료를 사용할지 정하고, 재료비를 계산해요.

시제품

시제품은 도구나 기계 등이 공학자가 생각한 대로 제대로 작동하는지 확인해 보려고 시험 삼아 만드는 제품을 말해요. 여기에 들어가는 모든 부품은 설계 단계에서 계획한 대로 만들어져요.

설계 과정

설계 과정의 첫 번째 단계는 해결해야 할 문제가 무엇인지 정의하는 거예요. 예를 들어 아이들이 탈 킥보드를 설계하는 공학자는 어떤 기능이 필요한지, 크기는 어느 정도여야 하는지, 얼마나 무거워도 되는지, 제작비는 얼마나 쓸 수 있는지 알아야 해요. 그래야 킥보드 설계를 시작할 수 있어요.

생각 모으기

설계 과정의 다음 단계는 생각을 모으는 것이에요. 공학자는 다른 공학자나 디자이너, 건축가, 과학자 등 다른 사람들과 이야기를 나눠요. 이들은 함께 모여서 의견을 제안하고 자유롭게 토론하며 창조적인 아이디어를 끌어내지요.

지식과 경험

공학자는 설계 과정에서 자신의 전문 지식과
이전에 비슷한 작업을 진행하며 얻은 경험을 활용해요.
직관(대상을 빠르게 판단하는 능력)과 상상력을 활용하기도
하지요. 또한 설계하려는 것과 비슷한 기존의 장치나 기계,
구조물 등을 조사해서 참고하기도 해요. 비용이나 무게,
제작 시간 및 난이도 등의 제한 조건도 따져 봅니다.

아이디어 설계하기

생각 모으기와 연구 조사가 끝나고 나면 모든 아이디어를
모아서 설계를 시작해요. 장치나 기계, 구조물 등의
그림을 그려 보는 것은 설계에서 중요한 단계예요.
특히 어떤 규칙에 따라 제품을 그린 그림을
도면이라고 해요. 도면을 그리는 것은 아이디어를 종이에
적는 방법이며, 다른 사람들에게 공학자의 생각을 보여
줄 수 있어요. 공학자는 이 단계에서 재료를 선택해요.
그리고 해답이 될 가능성이 있는 몇 가지 도면들을
그려 보고, 그중에서 시제품을 만들기에 가장 적합한
것을 선택해요.

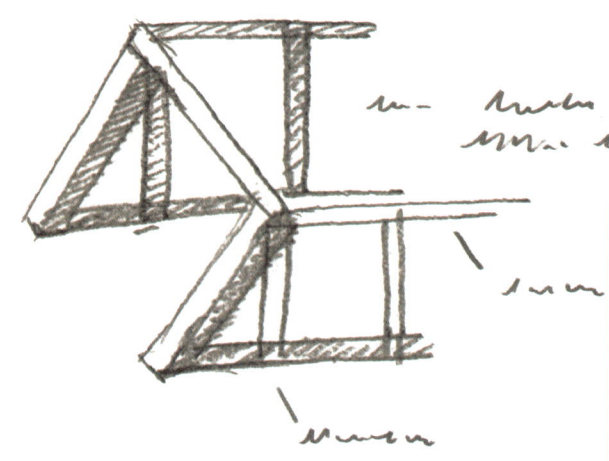

시제품 제작과 시험하기

시제품은 어떤 물건을 만들기 위해 본보기로 만들어 본 물건을 의미해요. 즉 장치, 자동차 또는 로켓의 시제품이란 그 물건을 처음으로 만들어 본 것이에요. 공학자는 그들의 아이디어를 시험해 보거나 기계의 모든 부품이 제대로 맞는지 확인하기 위해 시제품을 만들어요.

✓ 시험하고, 시험하고, 또 시험하고

자, 이제 시제품이 의도한 대로 작동하는지 시험해 볼 차례예요. 시험은 공학 분야에 따라 달라져요. 전기전자공학에서는 회로에 전기가 제대로 흐르는지 시험해요. 기계공학에서는 기계가 항상 잘 작동하는지 확인하기 위해 반복해서 기계를 작동시키며 시험해 봐요. 생화학공학에서는 몇 개월 또는 몇 년에 걸쳐 약물을 시험하지요. 공학자는 시제품의 잘못된 부분이나 부족한 점을 고쳐 가면서 문제를 해결하고 제품을 더 좋게 만들어요.

? 그냥 궁금해요

공학자는 때때로 기계가 얼마나 버틸 수 있는지 확인하려고 일부러 시제품 기계가 산산조각이 날 때까지 시험해 보기도 해요. 이것을 파괴 시험이라고 해요.

✓ 모형 만들기

일부 공학 분야, 특히 운송 관련 분야에서는 모형을 만들어서 시험해 봐요. 때때로 이러한 모형은 실물 크기로 만들어져요. 자동차의 경우, 자동차 모형을 만들어서 풍동(바람을 일으켜 공기의 흐름이 물체에 미치는 영향을 실험하는 터널형 장치)에 놓고 바람을 불어 넣은 뒤 공기의 흐름을 파악하여 자동차를 잘 설계했는지 시험해 봐요(공기가 자동차 위로 부드럽게 흐를수록 연료 사용량이 줄어들어요). 엔지니어는 그 결과를 보고 필요한 경우 자동차 모양을 바꾸기도 해요. 모형 항공기도 풍동에서 시험하고, 모형 선박은 거대한 수조에서 시험해요.

✗ 일이 잘못됐을 때

공학에서는 모든 일이 항상 계획한 대로 되지는 않아요. 어떤 시제품은 완전히 실패할 수도 있어요. 우주선 발사체나 항공기의 경우, 시험 실패는 시제품이 파괴되었다는 것을 뜻하기도 해요. 그러나 공학자는 그 잔해와 실패하기 전까지 기록된 데이터를 검토하여 무엇이 잘못되었는지 파악하고 설계를 개선할 수 있어요.

 # 컴퓨터의 힘

컴퓨터는 공학 설계 과정에 필요한 중요한 도구예요. 고층 건물부터 마이크로칩에 이르기까지, 공학자는 자신이 설계하려는 물체의 3차원 모형이 필요해요. 컴퓨터는 물체의 설계 도면을 종이에 인쇄하거나 3D 프린터로 시제품을 제작하는 데 사용돼요.

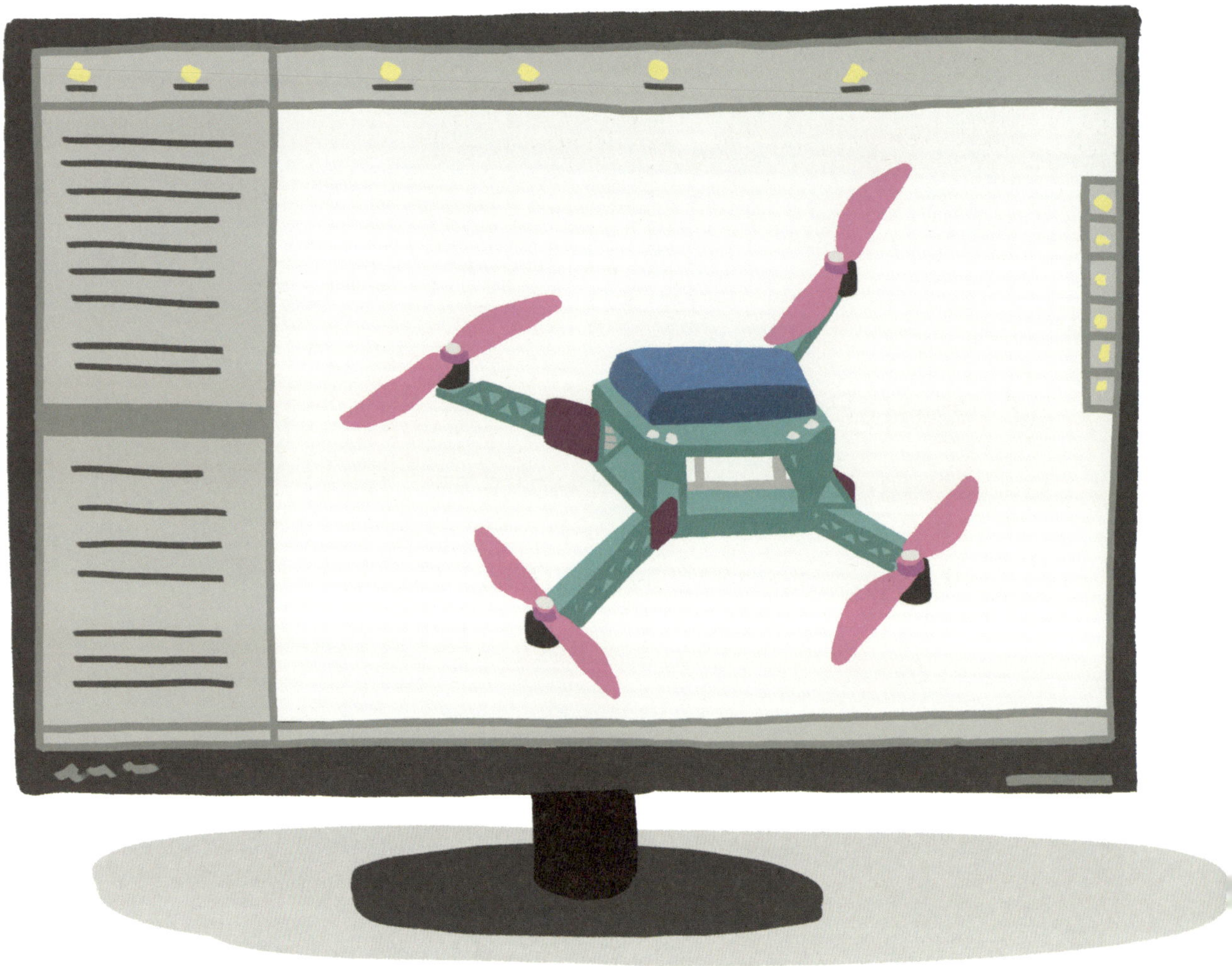

 ## 컴퓨터 지원 설계

컴퓨터를 이용해서 물체의 모델을 만드는 것을 컴퓨터 지원 설계(Computer-Aided Design), 줄여서 캐드(CAD)라고 해요. 공학자는 캐드 프로그램을 이용해서 물체를 만들고, 크기를 조절하거나 회전시켜 보기도 하고, 서로 붙여 보기도 하면서 천천히 모델을 완성해 나가요. 또한 캐드를 이용해서 부품들이 서로 어떻게 결합되는지 확인할 수 있어요. 물체 표면에 질감을 더해서 실감 나게 만들기도 하지요. 공학자는 실제 시제품을 제작하기 전에 컴퓨터로 만든 모델을 여러 각도에서 다양한 크기로 살펴보고 변경할 수 있어요. 바퀴와 기어(톱니바퀴) 등 기계의 움직이는 부품들을 애니메이션으로 만들어서 어떻게 움직이는지도 볼 수 있지요.

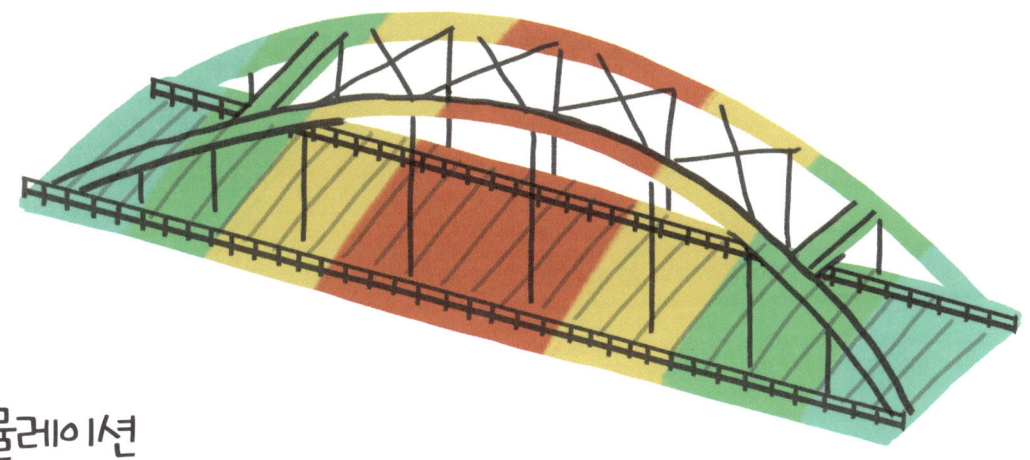

힘 시뮬레이션

시뮬레이션(모의시험)은 프로그램을 이용해서 기계나 구조물을 사용하는 동안 발생하는 힘과 움직임 등을 계산하는 작업이에요. 토목공학자는 시뮬레이션을 이용해 다리 같은 구조물에 가해지는 응력(누르거나 늘리는 힘)과 변형률(재료가 눌리거나 늘어나는 정도)을 알아내는데, 이를 **구조 분석**이라고 해요. 구조 분석은 가장 큰 응력과 변형이 발생하는 부분을 보여 줘요. 엔지니어는 시뮬레이션된 구조물에 가해지는 힘(예: 다리를 지나는 차량의 무게)을 바꿔 가면서 구조물이 어떻게 반응하는지 확인할 수 있어요.

그냥 궁금해요

토목공학자들은 건설용 3D 프린팅 기술을 실험해 왔어요. 거대한 3D 프린터는 빠르게 굳는 콘크리트 층을 겹겹이 쌓아서 벽을 만들어요.

3D 프린팅

컴퓨터로 물체의 모델을 만들고 나면, 3D 프린터를 이용해서 그것을 실제 시제품으로 만들 수 있어요. 기계의 모든 부품을 3D 프린터로 출력해서 서로 잘 들어맞는지 확인할 수 있어요. 3D 프린터는 플라스틱, 금속, 탄소섬유 강화 플라스틱 등 다양한 재료를 층층이 쌓아 올려서 복잡한 모양도 만들 수 있답니다. 3D 프린팅은 소량의 제품을 제작하는 데에도 사용돼요.

 # 아이디어 전달하기

아이디어 전달은 설계 과정의 마지막 단계예요. 시제품을 제작하고 시험을 마치고 나면 장치와 기계, 구조물을 만들 준비가 다 된 거예요.
이제 공학자는 실제로 이것을 만들 사람들에게 설계의 세부 사항을 전달해야 해요.

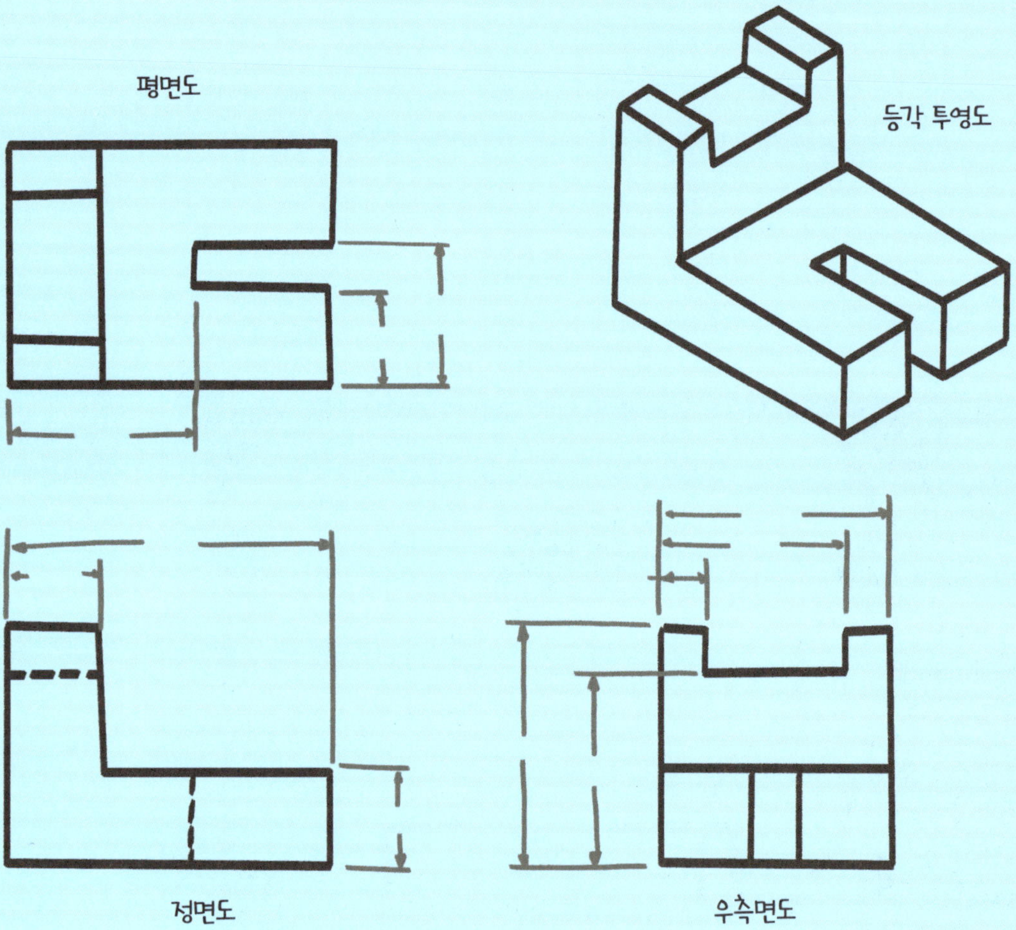

평면도   등각 투영도

정면도   우측면도

 ## 도면

도면은 물체나 기계 부품의 정확한 모양과 크기를 나타낸 그림이에요. 도면은 3차원 물체를 2차원 평면에 표현한 **등각 투영도**와 함께 다양한 각도(위, 정면, 측면)에서 물체가 어떻게 보이는지 보여 줘요. 선과 화살표는 물체의 크기, 잘라야 하는 깊이, 구멍의 지름 등의 정보를 표시하는 데 쓰여요. 복잡한 기계는 그 안에 들어가는 모든 부품의 도면이 수백 장은 될 거예요. 공학자는 설계 도면을 그리고 부품을 어떤 재료로 만들어야 하는지도 정해요.

계획대로 만들기

건물과 구조물을 설계하는 토목공학 엔지니어도 있고, 건설 현장에서 일하는 엔지니어도 있어요. 설계자는 건설하는 사람들에게 상세한 설계 도면을 그려서 줘요. 이 도면에는 구조물의 모든 부분과 사용할 재료, 크기와 모양, 어떻게 조립할지 등 구조물을 짓는 데 필요한 모든 정보가 담겨 있어요. 또 수도관과 전기 케이블 및 기타 장비들이 건물에 어떻게 배치될지 보여 주는 도면들도 있지요. 초고층 빌딩 같은 거대한 구조물을 지으려면, 건축자가 따라야 할 도면이 수백 장이 될 수도 있어요.

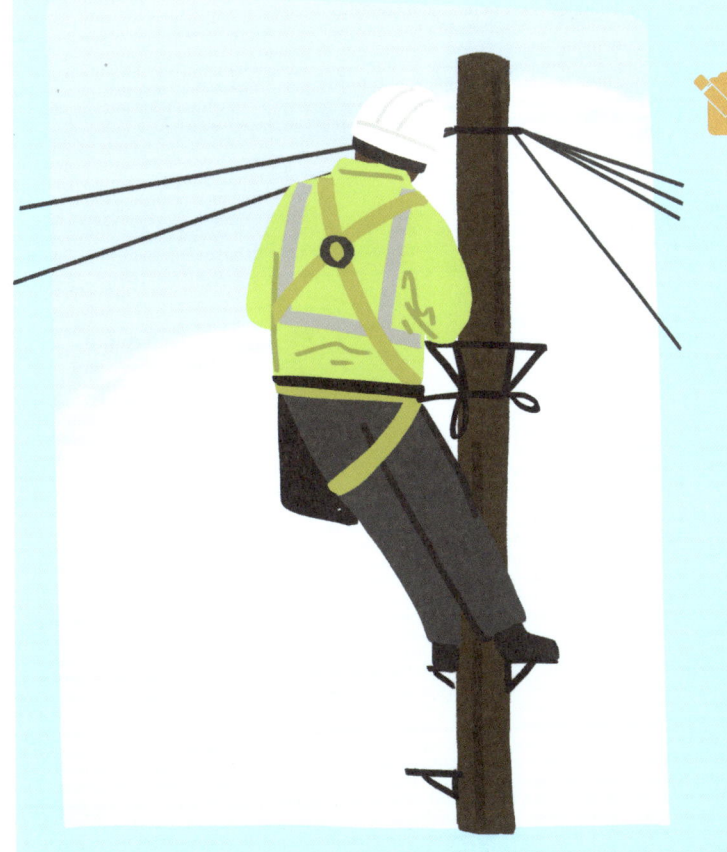

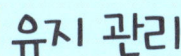
유지 관리

장치나 기계, 건물은 제작 또는 건축이 완료되었다고 해서 그걸로 끝이 아니에요. 계속 관리하고, 상태를 유지해야 하며, 고장 나면 고쳐야 해요. 서비스 엔지니어나 현장 엔지니어가 이러한 작업을 수행해요. 설계를 맡은 엔지니어는 서비스 및 현장 엔지니어가 따라야 할 유지 관리 지침서를 작성해요. 여기에는 기계의 모든 부품에 대한 설명과 어떤 부품을 정기적으로 점검해야 하는지 나와 있어요.

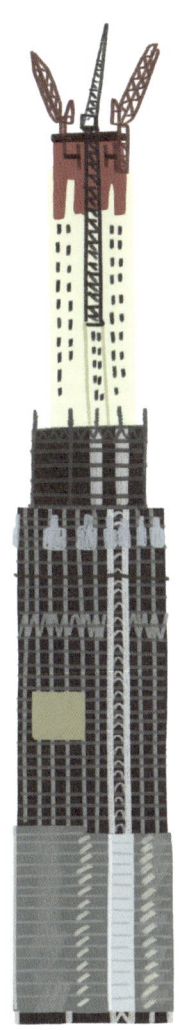
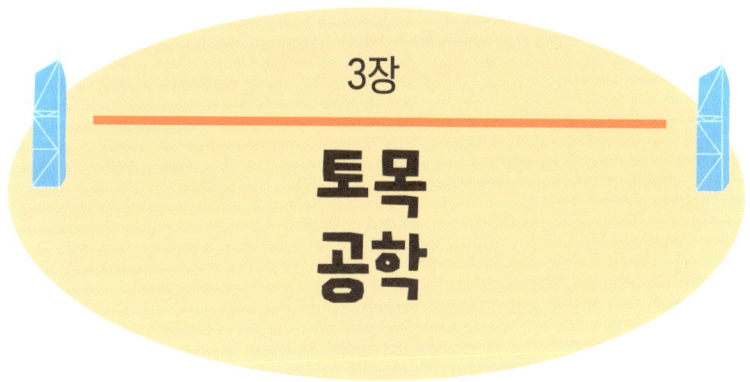

3장
토목공학

토목공학은 커다란 구조물을 다루는 공학이에요.
토목공학자는 초고층 건물이나 다리, 터널, 도로, 경기장, 댐 같은 구조물을 지어요.
건물은 우리가 생활하고, 일하고, 운동하기 위한 공간을 제공해 줘요.
도로, 다리, 터널은 우리가 여기저기로 이동할 수 있도록 도와주지요.

이번 장에서는 토목공학자가 건물을 지을 때 쓰는 재료인
콘크리트와 강철에 대해 알아볼 거예요.
토목공학자가 콘크리트를 붓기 전에 하는 일을 살펴보고,
건물이나 다리가 무너지지 않도록 만드는 비결을 알아봐요.

 # 콘크리트와 강철

콘크리트와 강철이라는 두 가지 재료가 없이는 대부분의 토목 공사를 할 수 없어요.
콘크리트와 강철은 그 자체만으로도 구조물과 기초를 만드는 데 사용되지만,
두 재료를 섞으면 철근 콘크리트라는 엄청나게 강한 재료가 되어 더 유용하게 사용할 수 있어요.

콘크리트 붓기

콘크리트는 굳고 나면 바위처럼 단단해져요. 콘크리트는 자갈, 모래, 시멘트, 물을 섞어서 만들어요. 시멘트는 자갈과 모래를 서로 붙여 주는 접착제 같은 역할을 해요. 이 재료들이 섞이면 물과 시멘트가 함께 반응하여 몇 시간이 지난 뒤 아주 단단해져요. 콘크리트는 눌러서 깨트리기가 매우 어려워요. 토목공학자는 이것을 **압축력**(누르는 힘)에 강하다고 말해요. 굳기 전의 콘크리트를 거푸집(형틀)에 부어서 원하는 모양으로 만들어요.

강철 기둥

강철은 철에 약간의 탄소를 섞어서 만들어요. 강철은 늘리거나 찌그러트리기가 매우 어려워요. 즉, 강철은 **인장력**(늘리는 힘)과 압축력에 강해요. 강철로 기둥이나 막대기, 케이블, 볼트와 너트를 만들 수 있어요. 구조물을 지탱하는 데 쓸 강철 기둥은 평평한 강철판을 용접해서 만들어요. 잘라낸 면이 H 모양으로 된 강철 기둥이 가장 흔해요. 이 모양은 구부러짐에 강한 모양이에요.

콘크리트와 강철의 만남

철근 콘크리트는 콘크리트 안에 강철을 넣어서 만들어요. **압축 강도**가 매우 높은 콘크리트와 **인장 강도**가 매우 높은 강철을 결합하면 서로를 보완하여 더 강한 재료가 돼요. 건물, 다리 등 구조물에서 볼 수 있는 콘크리트는 대부분 철근 콘크리트예요. 철근 콘크리트 기둥은 콘크리트로만 만들어진 기둥보다 훨씬 더 강해요. 철근 콘크리트 기둥을 만들려면 거푸집 안에 강철 막대기(철근)를 넣고 그 주변에 콘크리트를 부어요.

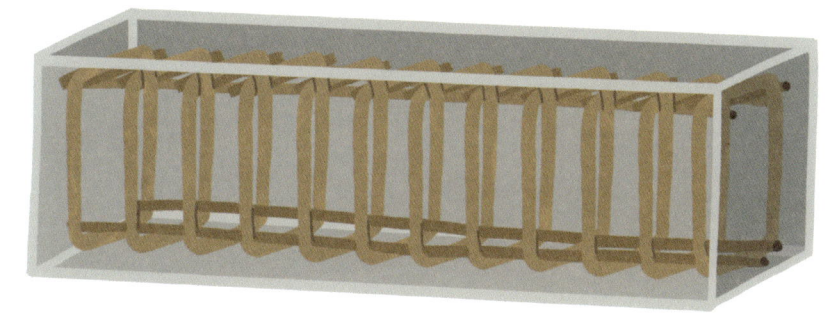

더 많은 재료

토목공학에서는 콘크리트와 강철뿐만 아니라 도자기, 유리, 플라스틱, 알루미늄이나 구리 같은 금속 등 다양한 재료를 사용해요. 도자기는 타일과 방수 재료로, 유리는 벽과 지붕에, 플라스틱은 외장재(건물의 외부를 마감하는 재료)와 단열재(보온하거나 열을 막는 재료)로 써요. 고무는 다리의 받침판에 사용되어 다리 위로 차량이 많이 지나가며 무게가 실릴 때 무게를 흡수하고 유연하게 움직일 수 있도록 해요.

 # 모양과 구조

다리, 초고층 빌딩, 경기장 같은 건축물을 구조물이라고 해요.
구조물은 예를 들어, 고층 빌딩 안에 있는 사람들과 가구의 무게 또는 다리를 건너는 차량의 무게처럼
구조물에 가해지는 힘(공학 용어로는 '하중'이라고 해요)을 견뎌야 해요.
토목공학자는 돔, 삼각형, 원기둥처럼 하중을 잘 견디는 튼튼한 모양을 이용해서 구조물을 만들어요.

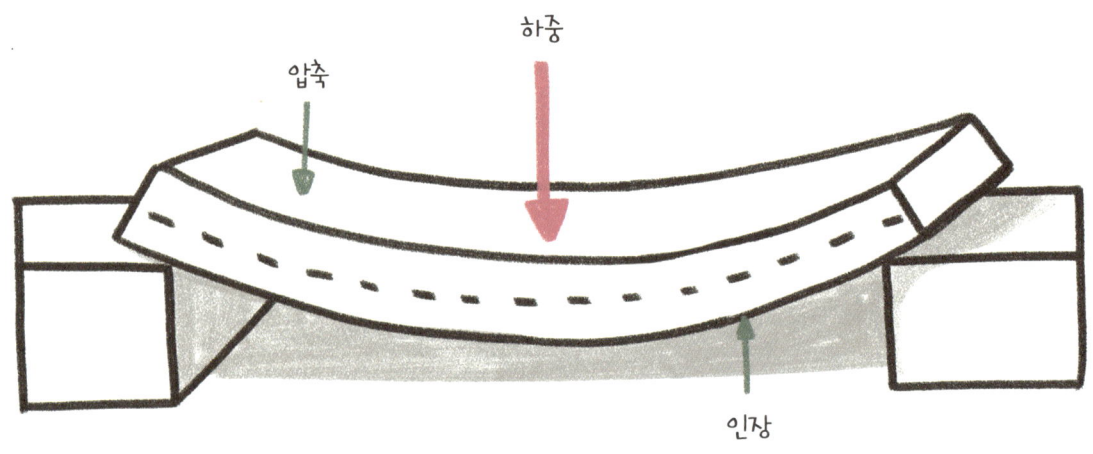

 ## 압축과 인장

위의 그림처럼 들보(힘을 받아내는 가로 방향의 구조물을 말해요. 세로 방향으로 받으면 기둥이고요)에 하중이 가해지면 들보가 아래쪽으로 구부러져요. 구부러지면서 들보의 윗부분은 약간 짧아지고, 아랫부분은 약간 길어져요. 이렇게 되면 들보의 윗부분이 눌리면서 들보의 재료가 압축력을 받게 되고, 들보의 아랫부분은 늘어나면서 인장력을 받게 돼요. 들보가 길고 하중이 무거울수록 들보가 너무 많이 구부러지지 않도록 더 강하게 만들어야 해요.

그냥 궁금해요

공학자들은 자연에서 많은 영감을 받았어요. 한 가지 예로 달걀을 들 수 있어요. 달걀은 끝이 돔 모양으로 되어 있어서 놀라울 만큼 무거운 무게를 깨지지 않고 버틸 수 있어요.

모양 유지하기

삼각형은 튼튼한 모양이어서 토목공학자가 자주 이용하는 모양이에요. 단순한 직사각형 구조(비가새 구조)는 강풍이 불 때처럼 옆으로 미는 힘이 가해지면 모양이 쉽게 구부러져요. 여기에 대각선 방향으로 버팀대를 추가하면(가새 구조) 튼튼한 삼각형이 만들어져요. 이런 구조는 옆으로 미는 힘을 훨씬 더 잘 견딜 수 있어요. 공학자는 이런 삼각형 모양 구조를 **트러스**라고 부르며, 긴 다리의 기둥이나 지붕 지지대를 만들 때 활용하고 있어요.

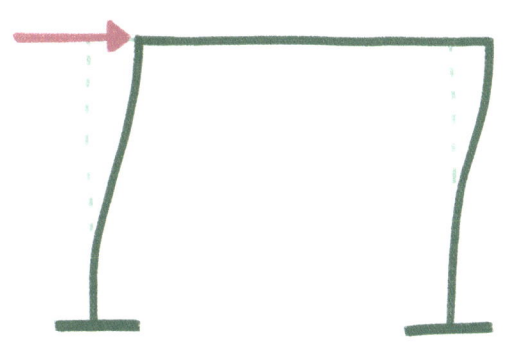
버팀대가 없는 구조(비가새 구조)

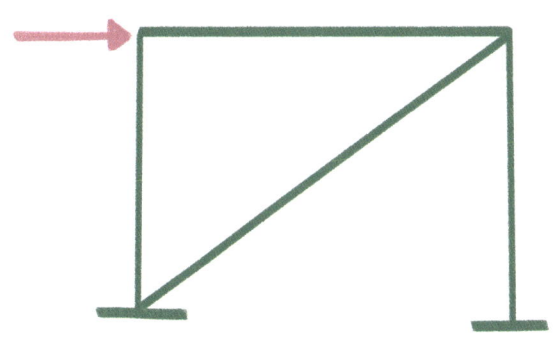
버팀대가 있는 구조(가새 구조)

 ## 강한 곡선

아치와 돔도 매우 튼튼한 모양이에요. 다리, 터널 그리고 건물의 지붕에도 아치와 돔 모양이 활용돼요. 아치와 돔이 튼튼한 이유는 이 구조에 가해지는 하중이 곡선을 타고 아래로 내려가기 때문이에요. 그래서 이 구조는 늘리는 힘(인장력)은 받지 않고, 누르는 힘(압축력)만 받아요. 공학자들은 이 사실을 아주 오래전부터 이해하고 있었어요. 그래서 강철과 콘크리트를 사용할 수 있게 되기 전까지는 돌이나 철로 아치 형태의 다리를 만들었지요. **지오데식** 돔은 건물의 벽과 지붕을 만들 때 활용되는 가벼운 구조예요. 지오데식 돔은 아래 그림처럼 둥근 돔 모양과 삼각형 구조로 이루어져 있어서 튼튼해요.

 # 건물의 구조

건물의 구조는 건물에 가해지는 하중을 안전하게 땅바닥(지반)으로 전달해요.
바닥에 가해지는 하중은 뼈대와 기초를 통해 전달되지요.
토목공학자는 건물이 무너지지 않도록 건물의 모든 부분을 매우 튼튼하게 설계해요.

뼈대

모든 대형 건물에는 바닥과 벽과 지붕을 지지해 주는 뼈대가 있어요. 뼈대는 기둥과 들보 그리고 뼈대를 안정적으로 고정해 주는 **버팀대**로 이루어져 있어요. **철근 콘크리트 슬래브**(콘크리트를 부어서 한 장의 판처럼 만든 구조물)인 바닥의 가장자리를 들보가 떠받치고 있어요. 건물 바깥쪽을 둘러싼 얇은 외벽은 들보나 기둥에 붙어 있지요. 뼈대는 철근 콘크리트나 강철, 또는 이 두 가지 재료를 섞어서 만들어요. 기둥의 가장 아랫부분은 기둥이 땅속으로 빠지지 않도록 튼튼한 **기초** 위에 놓여 있어요.

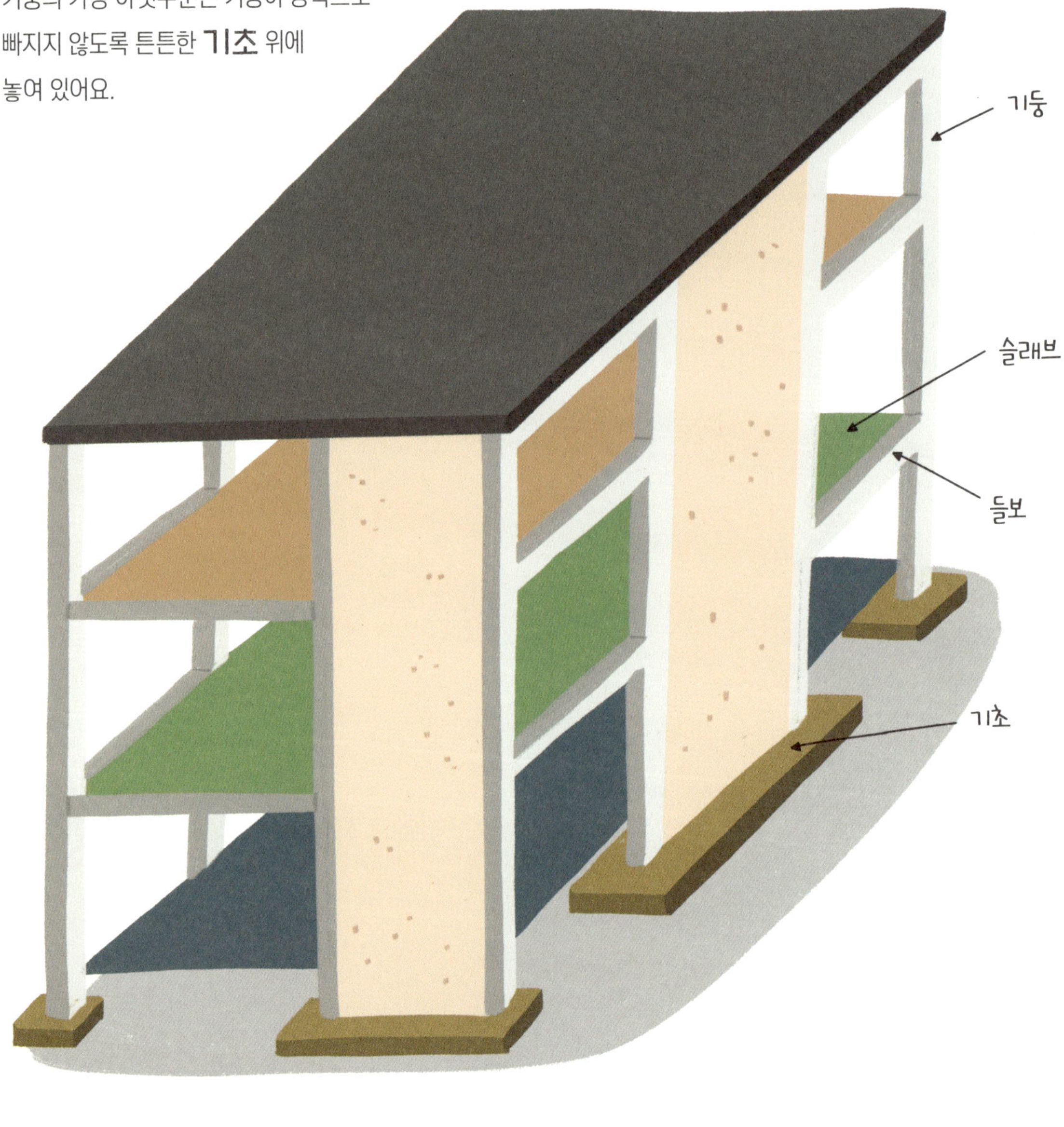

기둥

슬래브

들보

기초

땅바닥에 연결하기

건물이 땅바닥으로 내려앉는 것을 막고 안정적으로 서 있게 하려면 튼튼한 기초가 필요해요. 토목공학자는 건물을 세울 장소에 있는 흙이나 암석의 종류에 따라 어떤 유형의 기초를 쓸지 선택해요. 슬래브 기초는 가장 간단한 방법이에요. 슬래브 기초는 땅바닥 위에 놓여 건물의 무게를 분산시켜 주는 넓은 콘크리트 판이에요. 말뚝 기초는 긴 강철이나 콘크리트 기둥인 말뚝을 땅에 박아서 만든 기초를 말해요. 말뚝은 땅이 무너지지 않게 하면서 지하 암석까지 닿아 있어요. 다리나 다른 구조물들을 세울 때도 이러한 기초가 사용돼요.

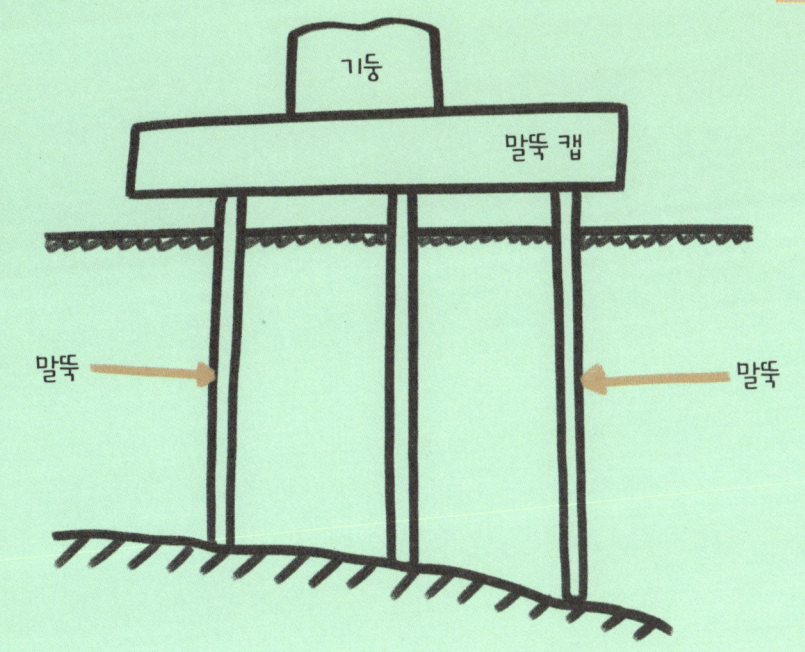

조립

강철로 만든 건물 뼈대는 들보와 기둥 및 기타 부분들로 이루어져요. 이러한 여러 부분을 각각 공장에서 만든 후에 공사 현장으로 옮겨서 서로 조립해서 뼈대를 만들어요. 들보의 끝부분을 크고 튼튼한 볼트와 너트를 이용해 기둥에 고정시켜요. 연결 부위가 풀리지 않도록 볼트와 너트를 꽉 조여요. 콘크리트 뼈대의 경우, 연결 부분에 철근을 세우고 그 주위에 콘크리트를 부어서 만들어요.

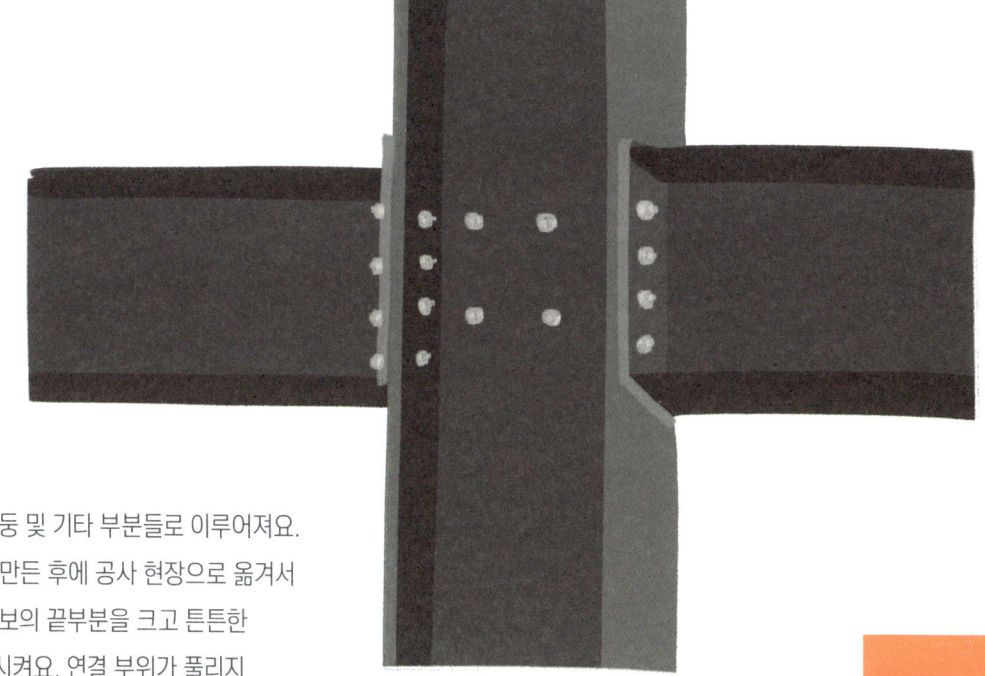

지반공학

토목공학자는 지반(땅바닥)이 새로 지을 건물을 버틸 만큼 튼튼한지 확인하기 위해 암석과 흙에 대해 잘 알고 있는 지질학자와 상의해요. 특히 도로나 철도, 댐을 만들기 위해서는 어마어마한 양의 바위와 흙을 옮겨야 할 수도 있어요.

아래에 무엇이 있나요?

공학자는 구조물의 기초를 설계하기 전에, 건물을 지을 지반 아래에 어떤 암석이 있는지 알아야 해요. 지표면에는 단단한 암석이나 부드러운 암석이 있을 수도 있고, 단단한 암석층 위에 부드러운 암석층이 있을 수도 있어요. 공사를 시작할 곳에 무엇이 있는지 알아보기 위해 **지질 조사**를 시작해요. 땅에 구멍을 뚫고 암석 표본을 캐내요. **지질학자**는 이 표본을 분석하여 얼마나 튼튼한지 강도를 측정해요.

흙 옮기기

경기장이나 집을 짓기 전에 지반을 평평하게 다지고, 도로나 기차가 지나갈 통행로를 만들고, 차량이나 기차가 달릴 수 있도록 흙으로 둑을 쌓으려면 흙을 옮겨야 해요. 흙을 다루는 공사 장비로는 흙을 파내는 굴착기, 흙을 나르는 트럭, 땅을 평평하게 만드는 스크레이퍼와 불도저 등이 있어요.

물　　점토

흙으로 만든 댐

흙으로 만든 구조물

흙과 암석으로 만드는 토목 구조물 중에 가장 큰 것은 흙으로 만든 댐과 제방이에요. 공사에 쓰이는 다른 재료들처럼 흙과 암석도 종류에 따라 특성이 달라서 공학자는 작업에 맞는 흙과 암석을 골라서 사용해요. 위의 그림에 있는 흙으로 만든 댐(사력댐)의 단면도를 보면, 물이 통과할 수 없는 점토로 만들어진 중심부가 있어요. 그리고 그 위에 흙을 쌓아 올려 다져서 단단하게 만들어요.

그냥 궁금해요
세계에서 가장 큰 흙댐(흙으로 쌓아 올린 댐)은 1976년 수력 발전을 위해 지어진 파키스탄의 타벨라 댐이에요. 이 거대한 댐은 높이가 143미터, 길이가 2.7킬로미터에 달해요.

인공 섬

바다에 인공 섬을 만들 때도 바위를 사용해요. 인공 섬은 바다의 밑바닥에서부터 바위를 언덕 모양으로 쌓아 올려서 만들어요. 무거운 바위는 거친 바다에서도 흔들리지 않고 인공 섬을 지켜줘요. 바다 위에 건물을 지을 수 있는 땅을 만들거나, 아래 그림에 보이는 것처럼 바다를 가로지르는 다리에서 해저터널로 연결되는 도로를 건설하기 위해 인공 섬을 만들어요.

초고층 건물 설계하기

초고층 건물을 짓는 것은 토목공학자에게도 어려운 일이에요. 100층 이상 되는 초고층 건물은 매우 무겁고, 높이에 비해 폭이 좁아요. 그래서 강한 바람에도 잘 버틸 수 있게 지어야 해요. 탑이나 풍력 발전기, 석유 굴착 장치도 마찬가지예요.

뼈대 공사

다른 대형 건축물과 마찬가지로 초고층 건물에도 바닥과 벽을 지지해 주는 튼튼한 뼈대가 필요해요. 대부분의 초고층 건물에서 뼈대는 벽 안에 숨겨져 있지만, 때로는 아름다운 건축적 특징으로 뼈대를 겉으로 드러내기도 해요. 위의 그림에 있는 중국 마카오의 모르페우스 호텔처럼요. 일반적으로 초고층 건물의 중심부에는 튼튼한 척추 역할을 하는 철근 콘크리트로 된 중앙 코어(core)가 있어요. 이 코어를 중심으로 엘리베이터나 계단실 등의 서비스 시설이 들어선답니다. 강철로 만든 뼈대가 중앙 코어를 둘러싸고 옆으로 뻗어 나와서 바닥을 지탱해요.

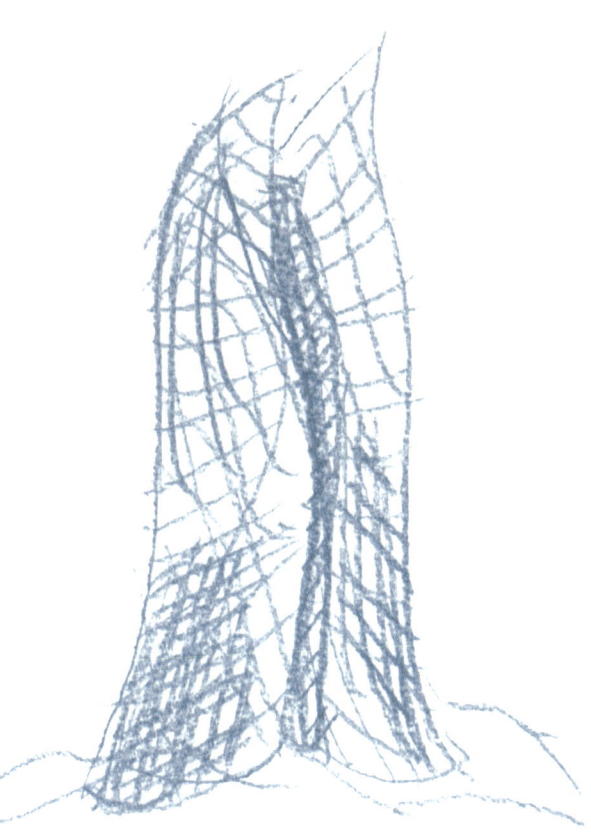

힘 견디기

건물의 뼈대와 기초가 견뎌야 하는 무게는 사람, 가구, 각종 설비, 컴퓨터 등등 건물 안에 있는 것들의 무게뿐만이 아니에요. 건물 자체의 엄청난 무게도 견뎌야 하지요. 토목공학자는 건물이 충분히 버틸 수 있을 만큼 튼튼하게 설계해야 하지만, 그렇다고 너무 튼튼하게 할 수는 없어요. 강철이나 콘크리트 같은 재료를 너무 많이 사용하면 건물 자체의 무게가 너무 무거워지기 때문이에요. 그리고 초고층 건물은 옆에서 불어오는 바람의 힘도 견딜 수 있어야 하고 지진에도 버틸 수 있어야 해요. 왼쪽 그림에 있는 미국 샌프란시스코의 프리몬트 타워는 바람이나 지진 등으로 일어나는 충격을 흡수할 수 있는 특수한 뼈대를 가지고 있어요.

건축가의 디자인

건축가는 초고층 건물의 전체적인 겉모습을 디자인해요. 먼저 건축주가 건축가에게 건물 설계를 의뢰해요. 의뢰하면서 그 건물이 어떻게 쓰일지, 몇 층이나 필요한지, 어디에 건물을 지을지를 말해 줘요. 건축가는 새로 지을 초고층 건물에 대한 아이디어를 스케치하여 건축주와 의논해요. 건물의 최종 디자인이 정해지면, 토목공학자는 건물이 하중을 어떻게 견딜지 정확히 파악한 다음, 건물의 모든 부분을 설계하고 서로 어떻게 조립할지 계획해요.

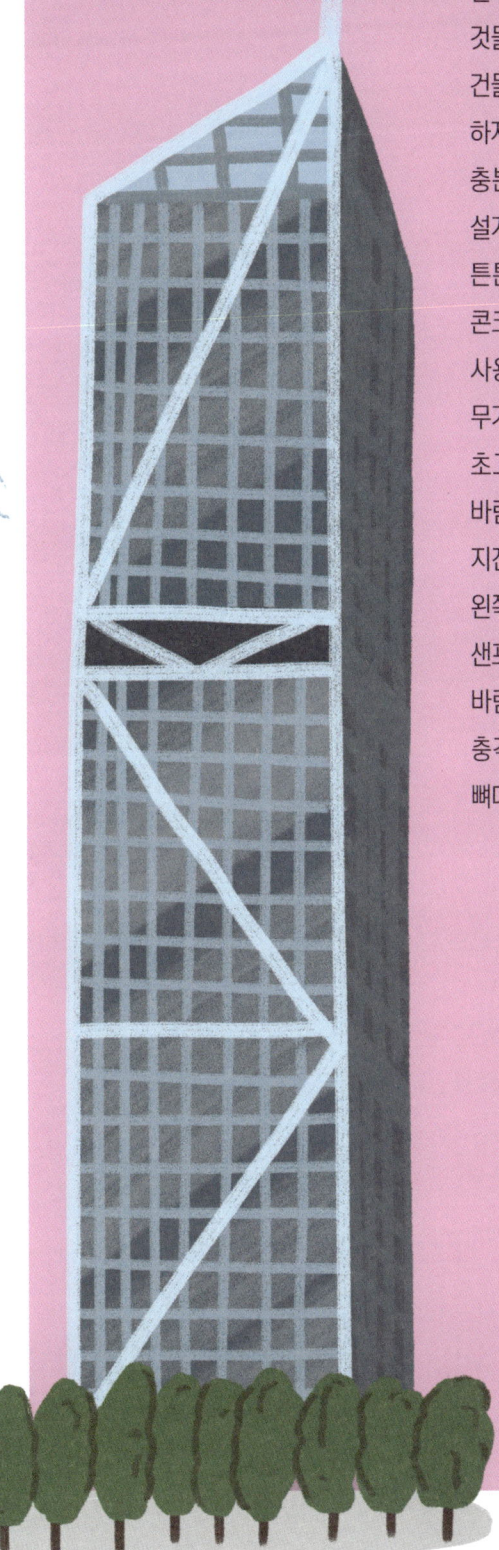

높게 짓기

초고층 건물의 설계가 끝나면, 건설을 시작해요. 초고층 건물을 짓는 것은 매우 복잡한 작업이고, 건물을 짓는 곳이 혼잡한 도시에 있다면 더욱 복잡해져요. 여러 분야의 엔지니어들로 이루어진 팀은 건물을 짓는 순서를 계획해요.

건설 순서

초고층 건물을 짓는 과정은 건물을 지을 곳인 부지를 정돈하고 **기초**를 다지는 것부터 시작돼요. 초고층 건물은 무게가 엄청나기 때문에 말뚝을 깊게 박아서 기초를 다져요. 다음 단계로 중앙 코어를 만들어요. 중앙 코어를 위로 만들어 올리면서 그 주변으로 각 층을 떠받칠 뼈대를 세워요. 그 후 바닥을 한 층씩 올리고, **커튼 월**(curtain wall, 건물의 하중을 지지하지 않고 칸막이 구실만 하는 바깥벽)을 뼈대 바깥에 둘러요. 콘크리트로 만든 중앙 코어가 다 올라가기 전에 아래층에서는 실내 공사가 시작돼요. 건설 크레인은 그 자체로는 땅 위에서 건물 높이에 도달할 만큼 키가 크지 않기 때문에 오른쪽 그림에서처럼 중앙 코어와 뼈대에 설치돼요.

콘크리트 코어

대부분의 초고층 건물에는 콘크리트 코어가 있어요. 이것은 엄청나게 강한 철근 콘크리트로 만들어지고 안이 비어 있는 관의 형태이며 건물의 중앙 부분을 관통해요. 이 코어는 철근이 들어 있는 틀에 콘크리트를 붓고 콘크리트를 굳혀서 만들어요. 이렇게 코어의 새로운 부분이 만들어져요. 그런 다음 틀을 위로 올려서 같은 방법으로 새로운 부분을 또 만들어요. 때로는 이 틀이 연속적으로 위로 올라가기도 해요. 위에서 콘크리트를 부어 가면서 아랫부분이 굳을 때쯤 틀을 천천히 끌어 올리면서 연속적으로 만드는 방법을 쓰는 거예요. 이런 공법을 **슬립 폼**(slip form)이라고 해요.

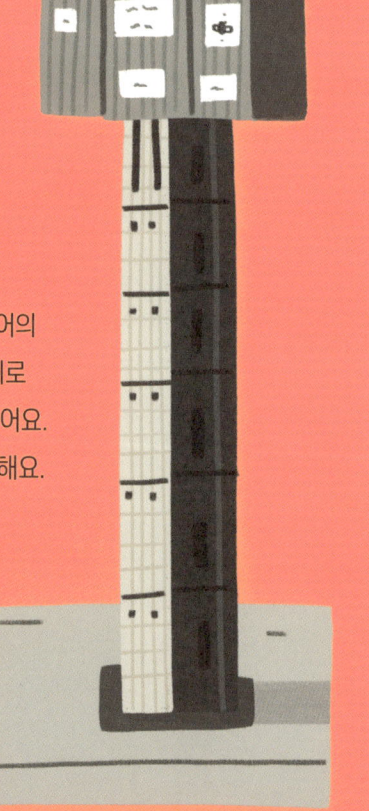

바다에서의 건축

해상 풍력 발전기, 해저에 세워진 석유 굴착 장치, 넓은 바다를 가로지르는 다리를 지탱하는 타워 등등 바다에도 초고층 구조물이 있어요. 풍력 발전기의 기둥은 강철로 만들어진 관으로, 풍력 터빈과 날개를 지탱하고 구부러짐을 방지해요. 석유 굴착 장치(석유 생산 플랫폼)를 지지하는 기둥은 강철 뼈대나 콘크리트 관으로 이루어진 타워예요. 이러한 구조물들의 각 부분은 육지에서 만들어서 바다로 운반한 뒤에 바다 위에서 조립해요. 이를 운반하고 배치하려면 초대형 기중기선 같은 특수한 장비가 필요해요.

 # 다리 짓기

자동차, 기차, 보행자는 다리를 통해서 도로와 철길, 강과 깊은 계곡 위를 지나다닐 수 있어요. 엄청나게 길거나 높은 다리, 특히 물 위를 지나는 다리는 설계하고 건설하기가 쉽지 않은 구조물이에요.

다리의 종류

다리의 종류에는 아치교, 형교, 캔틸레버교, 사장교, 현수교 등이 있어요. 각 다리의 구조는 각기 다른 방식으로 무게를 지탱해요. 다리를 건너는 차량의 하중은 다른 경로를 통해 땅바닥으로 전달돼요.

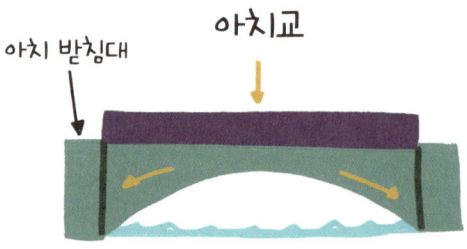

- 다리에 걸리는 하중이 아치를 눌러요.
- 이 무게는 옆으로 퍼져서 아치의 양쪽 끝부분에 있는 무거운 아치 받침대로 전달돼요.

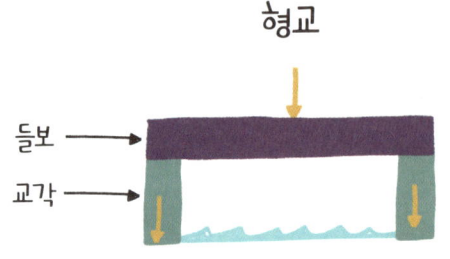

- 다리에 걸리는 하중이 들보를 휘어지게 해요.
- 들보가 교각(다리를 받치는 기둥)을 눌러요.

- 다리에 걸리는 하중이 캔틸레버(한쪽 끝만 고정되고 다른 끝은 받쳐지지 않은 들보)를 휘어지게 해요.
- 각 캔틸레버의 고정된 부분에서는 지지대를 누르거나 위로 밀어 올려요.

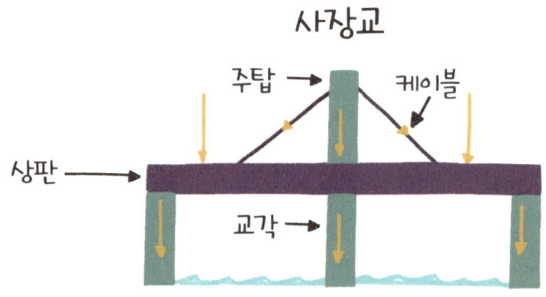

- 다리에 걸리는 하중이 상판을 눌러요.
- 상판이 케이블을 잡아당기고, 케이블이 주탑(다리에서 케이블이 매달려 있는 높은 구조물)을 대각선 아래쪽으로 잡아당겨요.
- 상판과 주탑이 교각을 눌러요.

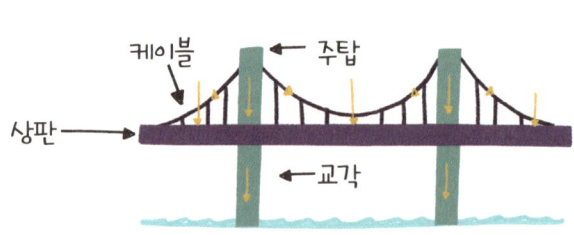

- 다리에 걸리는 하중이 상판을 눌러요.
- 상판이 케이블을 잡아당기고, 케이블이 주탑을 대각선 아래쪽으로 잡아당겨요.
- 주탑이 교각을 눌러요.

 ## 공학적 판단

토목공학자는 새로운 다리를 설계할 때 여러 가지 요소를 고려해요. 얼마나 많은 자동차가 다리를 건너게 될지, 다리가 땅 위로 지나가는지 아니면 물 위로 지나가는지, 다리를 지을 땅 아래에는 어떤 흙과 암석이 있는지, 다리 기둥과 기둥 사이의 간격은 어느 정도로 해야 할지, 다리를 놓을 곳이 바람이 많이 부는 곳인지 등을 고려해야 해요. 이 모든 질문에 대한 답을 찾고 나면, 어떤 종류의 다리를 지을지 결정하고, 다리를 튼튼하게 지탱해 줄 다리의 각 부분을 설계해요. 다리는 반드시 그 위를 지나가는 물체의 무게와 강철, 콘크리트 등의 재료로 이루어진 다리 자체의 무게를 버텨야 해요.

 ## 그냥 궁금해요

세계에서 가장 긴 해상 대교는 홍콩-주하이-마카오 대교예요. 이 다리는 넓은 만을 가로질러 중국의 세 도시를 연결하기 위해 2018년에 개통되었어요. 엔지니어들은 육지에서 거대한 주탑을 만들고, 그것을 바지선(밑바닥이 편평한 화물 운반선)과 해상 크레인을 이용하여 바다로 운반하고 들어 올려서 바다 위에 설치했어요.

다리 만들기

다리 건설은 다리의 교각과 주탑 및 기타 지지대를 세우기 위해 **기초**를 다지는 것부터 시작돼요. 지지대를 물속에 세워야 한다면, **가물막이** 또는 **임시 물막이**라고 하는 둥근 모양의 댐을 만들어서 그 안에 있는 물을 모두 퍼내고 기초 공사를 해요. 다리의 지지대를 다 세우고 나면 그 위에 상판을 올려요.

 ## 혁신적인 육교

최근 공학자들은 놀라운 모양의 육교를 설계하고 만들었어요. 어떤 육교는 바닥이 유리로 되어 있어서 다리 아래를 볼 수 있어요. 이러한 육교들은 기존의 전통적인 육교보다 구조가 더 복잡해서, 다리의 각 부분에 가해지는 힘을 분석해 줄 컴퓨터가 없었다면 만들 수 없었을 거예요.

터널공학

터널을 파는 일은 전문 지식과 특수 기계가 필요한 매우 어려운 작업이에요.
현대의 터널은 폭발물로 암석을 폭파하거나 기계로 바위를 깎아내는 방식으로 만들어요.
긴 터널은 터널 굴착기로 파내요.

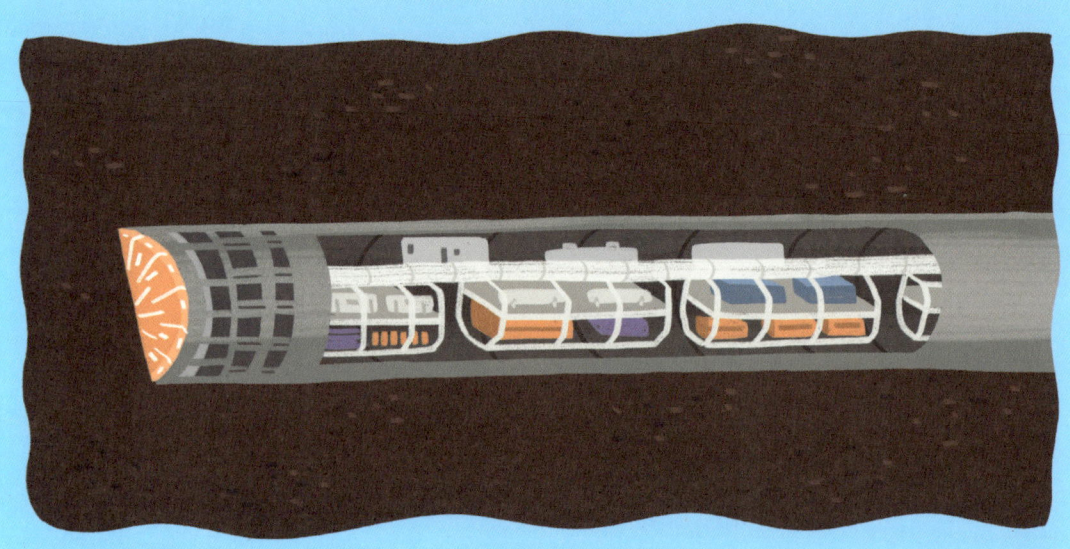

터널 굴착기

터널 굴착기는 단단한 암석을 뚫는 거대한 드릴과 같아요. 터널 굴착기의 앞부분에는 암석을 잘라내는 날카로운 톱니로 가득한 회전식 커팅 헤드가 있어요. **유압** 램이 커팅 헤드를 앞으로 밀어내서 터널을 파 나가요. 부서진 암석(이를 **버력**이라고 해요)은 커팅 헤드 뒤에 있는 운반 벨트를 통해 바깥으로 옮겨져요. 이렇게 파낸 터널의 벽과 천장이 무너지지 않도록 지지하기 위해 터널 내부에 콘크리트, 벽돌 등을 쌓아 보호하는 처리를 해요.

부수며 나아가기

터널을 파기 전에 엔지니어는 어느 경로로 땅속 바위를 깨면서 나아갈지 신중하게 계획해요. 강 밑을 팔 때는 강 아래로 일정한 깊이를 유지해야 하고, 이미 파 놓은 터널이 있는 곳이나 바위가 약해서 무너질 위험이 있는 곳은 피해야 해요. 터널 굴착기가 위, 아래, 왼쪽, 오른쪽으로 부드럽게 회전하면서 올바른 경로를 따라 파 나갈 수 있도록 레이저를 쏘아서 방향을 안내해요. 아주 긴 터널은 보통 양쪽 끝에서 파 나가는데, 두 터널이 중간에서 만나도록 방향을 정확히 안내하는 것이 중요해요.

그냥 궁금해요

지금까지 만들어진 가장 큰 터널 굴착기는 미국 시애틀에서 3.2킬로미터의 터널을 파는 데 쓰인 '버사(Bertha)'예요. 버사의 지름은 17.5미터이고 길이는 99미터예요.

특수한 굴착기

짧은 터널을 파는 데 터널 굴착기를 사용하기에는 비용이 너무 많이 들어요. 그 대신 암석을 조금씩 깎아내는 회전 커터가 달린 포클레인 굴착기를 사용해요. 깎아낸 암석(버럭)은 삽처럼 생긴 로더로 퍼서 트럭에 담아 운반해요. 그리고 터널 벽과 천장에 콘크리트를 발라서 매끄럽게 마무리해요.

침매 터널

모든 수중 터널이 강이나 바다 아래의 땅을 파서 지어지는 것은 아니에요. 어떤 터널은 침매 공법으로 만들어요. 얕은 물에서는 강철이나 콘크리트로 만든 커다란 관을 물속 바닥에 가라앉힌 다음 서로 연결해서 터널을 만드는데, 이를 침매 터널이라고 해요. 가라앉힌 관을 보호하고 물 위로 떠오르는 것을 막기 위해 바위로 덮어 놔요.

도시공학

도시공학자는 마을과 도시가 잘 관리되도록 도와줘요.
자동차, 기차, 사람들이 효율적으로 이동할 수 있도록 고속도로와 여러 교통 시스템을
설계하고 운영하지요. 또 상수도와 하수도 같은 도시에 꼭 필요한 시설을 만들고 유지 관리해요.

교통 흐름 관리

많은 대도시가 교통 체증에 시달리고 있어요. 도시를 드나드는 차량들이 원활하게 이동할 수 있도록 새로운 고속도로 시스템을 설계하여 교통 체증 문제를 해결하는 것은 공학자의 몫이에요. 차량이 멈추지 않고 한 도로에서 다른 도로로 옮겨 탈 수 있는 새로운 도로, 교차로, 복잡한 나들목 등을 건설해야 하지요. 도로가 서로 교차할 수 있도록 다리와 터널을 설계하고 건설하는 작업도 포함돼요.

대중교통

대중교통이란 기차나 지하철, 경전철, 버스와 같이 많은 사람을 도시 안팎으로 빠르고 효율적으로 이동시키는 시스템을 말해요. 새로운 대중교통 시스템을 만들려면 도로 아래에 터널을 파거나 도로 위 높은 곳에 전철이나 기차가 다닐 선로를 만들어야 해요. 이는 복잡한 도시에서는 결코 쉬운 일이 아니지요. 대중교통에 대한 새로운 아이디어로는 영국 런던 히드로공항의 터미널 간 이동 수단처럼 사람들을 조금씩 실어 나를 수 있는 작은 무인 경전철 등이 있어요(우리나라의 용인 경전철도 이런 형태예요).

배수 시설

도시에 있는 집, 식당, 공장에서는 엄청난 양의 폐수와 오수(화장실에서 쓰고 버려지는 더러운 물)를 내보내요. 거리 아래에는 이런 폐수와 오수를 깨끗하게 정화하여 강이나 바다로 내보내는 복잡한 하수도와 배수관이 숨겨져 있어요. 대도시에서는 이런 하수관과 배수관이 거대한 터널만큼 커요. 또한 공학자는 도시에 깨끗한 물을 공급하는 상수도 시스템을 설계하고 만들어요.

홍수 방지

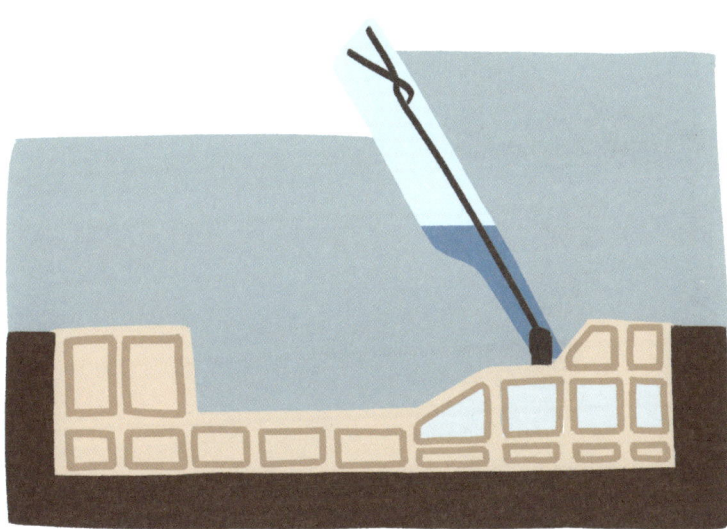

해안이나 강 근처에 있는 마을과 도시에는 항상 홍수가 날 위험이 있어요. 지구 온난화로 해수면이 상승하고 기상 이변이 심각해지면서 이런 위험은 더 커지고 있어요. 토목공학자는 위험을 줄이기 위해 홍수 방지 장치를 설계하고 만들어요. 이탈리아 베네치아에 있는 홍수 차단벽(왼쪽 그림)은 밀물이 밀려와 베네치아가 잠길 위험이 있을 때 차단벽을 세워요. 차단벽 안에 담아 둔 물을 밖으로 퍼내면 차단벽이 떠올라 그림처럼 세워지면서 물이 못 들어오게 막아 줘요.

4장
기계공학

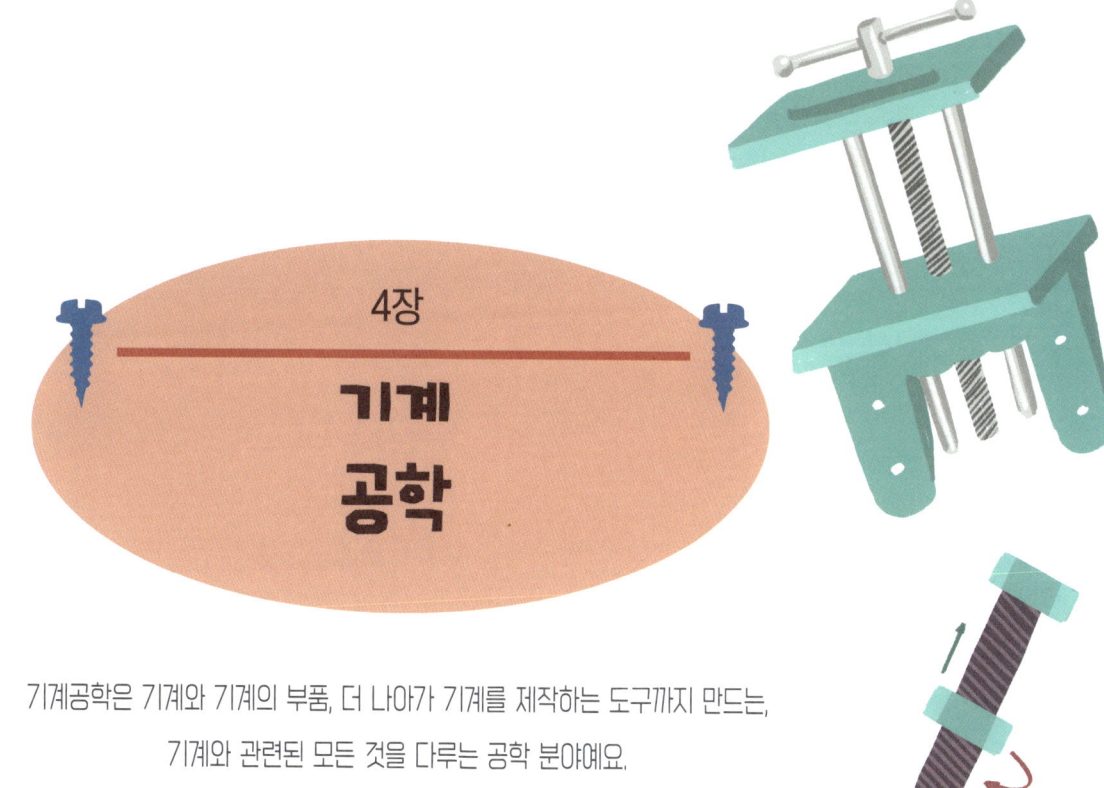

기계공학은 기계와 기계의 부품, 더 나아가 기계를 제작하는 도구까지 만드는, 기계와 관련된 모든 것을 다루는 공학 분야예요. 기계공학자는 정원 손질 도구와 진공청소기처럼 간단한 물건부터 자동차와 우주선같이 놀랍도록 복잡한 기계를 설계할 수 있어요.

이번 장에서는 기계공학자가 쓰는 재료와 그 재료를 선택하는 이유를 살펴볼 거예요. 그리고 기계를 만들기 위해 재료를 자르고 원하는 모양으로 만드는 방법을 알아볼 거예요. 또 기계공학자가 기계를 움직이는 데 쓰는 작동 원리와 그러한 기술을 자동차, 비행기, 배, 우주선을 만드는 데 어떻게 응용하는지 살펴봐요.

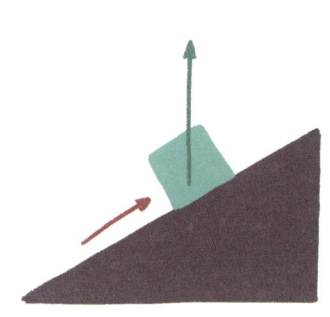

재료

기계공학자는 금속, 플라스틱, 세라믹 등 매우 다양한 재료를 다뤄요.
그들은 재료의 밀도(부피당 무게), 경도(단단한 정도), 연성(부서지지 않고 늘어나는 성질), 전성(얇게 펴지는 성질),
신축성(늘었다 줄었다 하는 성질), 화학적 성질 등을 고려해서 작업에 적합한 재료를 골라요.

금속과 합금

기계공학자는 철, 강철, 알루미늄, 타이타늄, 구리, 황동, 그 밖에 여러 가지 금속으로 물건을 만들어요. 금속은 대부분 강하고 단단하지만, **전성**과 **연성**이 있어서 두드리거나 눌러서 얇게 펴거나 구부려서 원하는 모양을 만들 수 있어요. 전성을 이용하면 금속판을 틀에 넣고 눌러서 그릇 같은 입체적인 물건을 만들 수 있어요. 또 연성을 이용하면 금속을 잡아당겨서 가늘고 긴 선으로 만들 수 있어요.
합금은 여러 금속의 좋은 특성을 모두 얻기 위해 두 가지 이상의 금속을 혼합해서 만들어요. 예를 들어 강철에 크로뮴을 섞어서 만든 스테인리스강은 녹이 슬지 않아요.

평평한 금속판

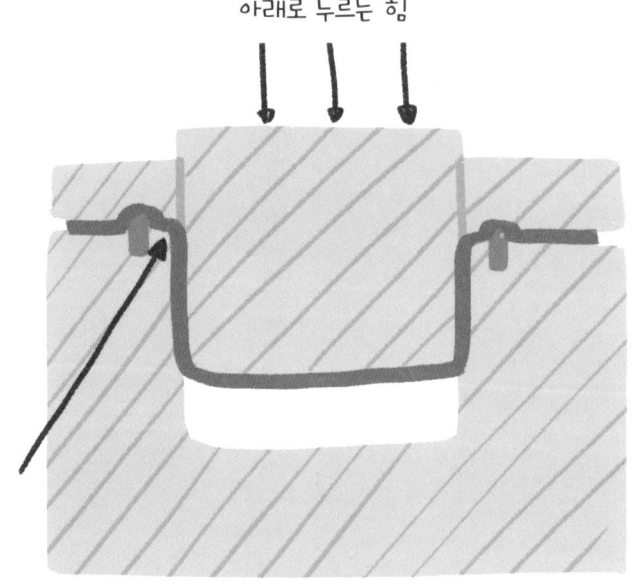

아래로 누르는 힘

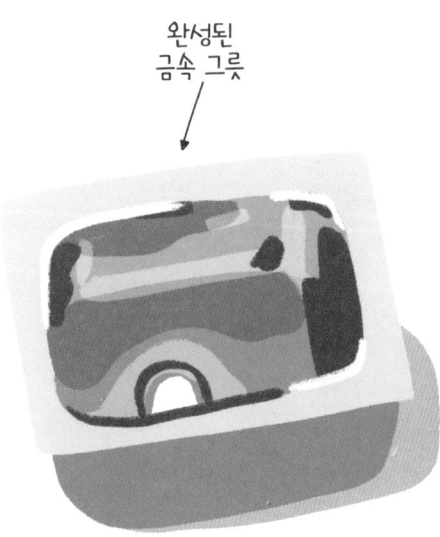

완성된 금속 그릇

늘리고 찌그러트리고

탄성이 있는 재료들은 공학에서 유용하게 쓰여요. 탄성이 있는 재료를 늘리거나, 찌그러트리거나, 구부린 다음 가만히 두면, 곧 원래 모양으로 돌아와요. 고무는 탄성이 매우 강한 재료여서 차량용 충격 흡수 장치(서스펜션)에도 쓰이지요. 탄성이 있는 금속으로는 용수철 같은 물체를 만들어요. 탄성을 가진 복합재료도 있어요. 장대높이뛰기를 할 때 쓰는 장대는 탄성이 매우 강한 유리섬유 강화 플라스틱(72쪽 참조)으로 만들어요. 탄성이 있는 재료도 너무 많이 늘어나면 원래 모양으로 돌아오지 않거나 부러질 수 있으니 주의해야 해요.

세라믹

도자기와 유리는 세라믹 재료예요. 세라믹은 단단하고 깨지기 쉬워요. 세라믹에 힘을 가하면 늘어나지 않고 부서져 버리기 때문에 기계 부품으로는 잘 쓰지 않아요. 하지만 세라믹은 녹는점이 높고, 좋은 **부도체**(열이나 전기가 잘 통하지 않는 물질)라서 전기나 열이 통하지 않게 막는 물질인 절연체로 사용하기 좋아요. 고압 전선과 송전탑 사이를 연결하는 세라믹 절연체(애자)는 고압 전선이 송전탑에 닿아서 전기가 흐르는 것을 막기 위해 고압 전선을 고정해 주는 역할을 해요.

복합재료

복합재료는 두 가지 이상의 재료를 합쳐서 만들어요.
유리섬유 강화 플라스틱과 탄소섬유 강화 플라스틱 같은 복합재료는
합치기 전의 각각의 재료와 비교하면 다른 성질을 가지기 때문에 쓸모가 많아요.
공학자는 가볍고 튼튼한 재료가 필요할 때 복합재료를 써요.

유리섬유

플라스틱

유리섬유 강화 플라스틱

배의 몸체

틀

유리섬유 강화 플라스틱

유리와 플라스틱을 합쳐서 유리섬유 강화 플라스틱을 만들어요. 먼저 유리를 아주 가느다란 섬유로 만든 다음 그것을 얇은 매트 형태로 만들어요. 여기서 쓰는 플라스틱은 처음에 만들 때는 액체 상태지만, 나중에는 굳어져서 고체가 되어요. 유리섬유 강화 플라스틱을 만들기 위해 틀 안에 유리섬유 매트를 놓고, 그 위에 액체 상태의 플라스틱을 붓거나 붓으로 발라요. 시간이 지나면 액체 상태의 플라스틱이 그 모양대로 굳어져 원하는 모양의 유리섬유 강화 플라스틱을 만들 수 있어요. 유리섬유 강화 플라스틱은 유리나 플라스틱보다 강하고, 가볍고, 오래가며, 모양을 만들기도 쉬워요. 공학자는 유리섬유 강화 플라스틱으로 배의 몸체부터 풍력 발전기의 날개까지 다양한 물체를 만들어요.

탄소섬유 강화 플라스틱

탄소섬유 강화 플라스틱은 유리섬유 강화 플라스틱과 비슷한 복합재료예요. 플라스틱 안에 탄소섬유가 들어가 있어요. 순수한 탄소로 만든 탄소섬유는 사람의 머리카락보다 가늘어요. 탄소섬유를 실로 뽑아서 매트 형태로 엮어요. 이 탄소섬유 매트 위에 액체 플라스틱을 붓거나 붓으로 바른 뒤 굳혀서 탄소섬유 강화 플라스틱을 만들어요. 카약의 노, 오토바이 헬멧, 비행기 날개 등등 매우 가볍지만 튼튼한 재료가 필요할 때 탄소섬유 강화 플라스틱을 써요.

? 그냥 궁금해요

탄소섬유는 강철보다 다섯 배나 강하지만, 무게는 절반밖에 안 돼요. 탄소섬유로 구조물을 만들면 전체 무게가 줄어서 비용을 줄일 수 있어요.

적층 재료

적층 재료는 얇은 판으로 된 서로 다른 재료들을 층층이 쌓아서 접착제로 붙여 만든 복합재료예요. 적층 재료는 튼튼하고 가벼워요. 나뭇결무늬 마룻바닥, 조리대, 합판은 모두 적층 재료예요. 적층 재료는 대부분 세 개의 층으로 이루어져 있는데, 가운데에 벌집 모양으로 된 층이 있고 그 위아래에 껍데기 층이 접착되어 있어요. 골판지가 대표적인 예예요. 알루미늄이나 플라스틱으로 만든 적층 재료는 차량의 문, 바닥, 벽이나 비행기의 날개에 들어가는 튼튼한 판을 만드는 데 쓰여요.

공작 기계

기계공학자는 재료를 다듬어서 기계 부품을 만들어요.
다양한 공작 기계로 재료를 자르고(절단), 구멍을 뚫고(드릴링), 고정해 놓고 깎고(밀링),
누르고(프레스), 돌려가면서 깎고(선반 가공), 녹여서 틀에 부어요(주조).
컴퓨터로 제어하는 공작 기계를 사용해 부품을 아주 정확하게 만든답니다.

절단

절단은 재료의 필요 없는 부분을 잘라내는 방법이에요. 톱은 나무, 플라스틱, 금속과 같은 단단한 재료를 자르는 가장 간단한 절단 기계예요. 톱질을 자동으로 해 주는 기계로는 둥근톱(원 모양의 톱날을 가진 톱)과 띠톱(톱날이 연속 고리 형태로 된 톱)이 있어요. 레이저 절단기는 판으로 된 재료를 복잡한 모양으로 잘라낼 수 있어요. 레이저 절단기는 강력한 레이저를 쏘아서 재료를 순식간에 가열하고 녹여서 절단해요.

드릴링과 밀링

드릴링 머신과 밀링 머신은 **비트**라고 하는 회전하는 날로 재료를 깎아내요. 드릴링 머신은 회전하는 드릴 비트로 재료를 눌러서 구멍을 뚫어요. 보통 두 개의 부품을 볼트와 너트로 연결하기 위해 구멍을 뚫어요. 밀링 머신은 회전하는 비트가 직선 방향으로 움직이면서 재료를 잘라요. 한 덩어리의 재료를 복잡한 모양으로 절단할 수 있답니다.

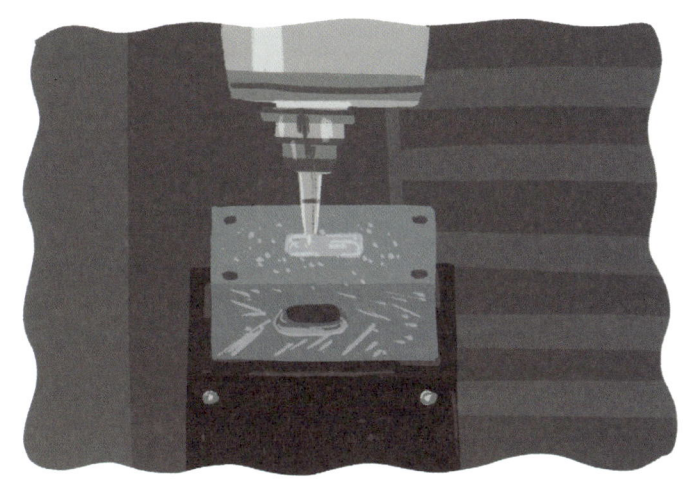

자동 공작 기계

밀링 머신과 같은 공작 기계는 수동으로도 조작할 수 있지만, 대량 생산하는 데에는 자동화된 공작 기계를 써요. 자동화된 공작 기계는 사람이 직접 조작하는 것보다 훨씬 빠르고 정확하게 많은 부품을 만들 수 있기 때문이에요. 부품 모양을 만드는 데 필요한 동작을 프로그램으로 만들어서 기계에 입력하면, 기계는 그 동작을 매우 정확하게 반복해요. 이렇게 컴퓨터로 제어되는 기계를 CNC(computer numerical control, 컴퓨터 수치 제어) 기계라고 해요.

주조

주조는 재료를 가공하는 또 다른 방법이에요. 금속이나 유리처럼 녹을 수 있는 재료 또는 플라스틱 수지처럼 액체 상태였다가 나중에 굳는 재료에만 주조 방법을 쓸 수 있어요. 액체 상태의 재료를 거푸집에 붓고, 식혀서 굳힌 다음 거푸집에서 꺼내요. 트럭의 엔진 블록부터 플라스틱병에 이르기까지 다양한 물건이 주조로 만들어진답니다.

기계공학

단순 기계

기계의 부품들이 함께 작동하는 시스템을 메커니즘이라고 해요.
메커니즘은 가위처럼 간단할 수도 있고 자동차의 변속기처럼 복잡할 수도 있어요.
공학자들은 종종 더 복잡한 메커니즘을 만들기 위해 단순 기계라고 부르는 기본 메커니즘을 구성 요소로 사용해요.

쐐기   나사산   경사면

여섯 가지 단순 기계

지렛대, 도르래, 쐐기, 경사면(빗면), 나사산, 축바퀴 등 여섯 가지 단순 기계가 있어요. 단순 기계는 기계 부품을 움직이는 데 필요한 힘을 늘리거나 줄일 수 있고, 기계 부품의 움직임을 빠르게 하거나 느리게 할 수도 있고, 기계 부품을 제자리에 고정할 수도 있어요. 지렛대는 아주 기본적인 메커니즘이에요. 물체를 쥐는 힘을 늘려 주는 펜치나 물건을 집는 데 필요한 힘을 줄여 주는 집게 같은 단순한 도구뿐만 아니라, 항공기의 착륙 장치처럼 복잡한 기계에도 지렛대가 사용돼요. 축바퀴는 컴퓨터 프린터, 자동차, 항공기 엔진에 쓰이는 기어 박스를 만드는 데 꼭 필요해요.

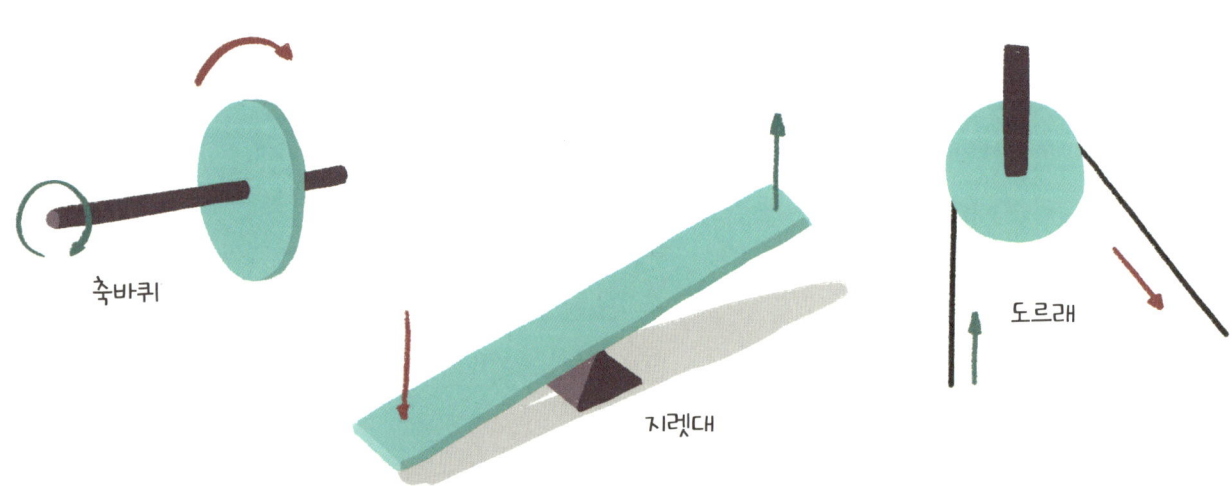

축바퀴   지렛대   도르래

🔩 도르래의 쓰임

도르래는 여섯 가지 단순 기계 중 하나예요. 도르래를 가장 쉽게 볼 수 있는 곳은 건물을 짓는 현장이에요. 공사 현장에 있는 크레인에 달린 도르래는 모터가 당기는 힘을 증가시켜 무거운 재료도 쉽게 들 수 있어요. 여러분은 도르래를 정원 손질 도구나 요트에서도 볼 수 있어요. 도르래 장치는 두 개의 도르래 바퀴가 한 쌍을 이루고 있어요. 그리고 철로 만든 밧줄이 두 도르래 바퀴를 연결하지요. 밧줄이 두 도르래 바퀴 사이를 더 많이 오고 갈수록 도르래 장치는 더 큰 힘을 낼 수 있답니다.

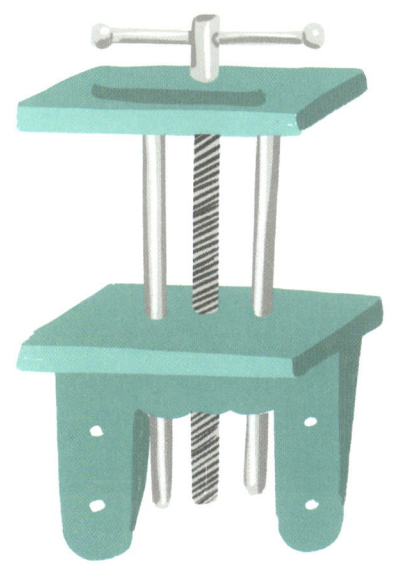

🔩 나사산의 쓰임

나사산은 기계공학에서 꼭 필요한 단순 기계예요. 나사와 볼트 및 너트에는 나사산이 있어요. 볼트와 너트를 끼우고 너트를 한 바퀴 돌리면 너트가 볼트의 나사산 길이만큼 움직여요. 그래서 스패너를 사용하면 작은 힘으로 너트와 볼트를 조여서 기계의 두 부분을 서로 단단히 고정할 수 있어요. 바이스(재료를 두 턱 사이에 끼우고 나사를 조여서 단단히 고정하는 공구)의 나사산도 비슷한 역할을 해요. 바이스의 손잡이를 가볍게 돌리면 양쪽의 턱이 서로 단단히 맞물리면서 물체를 제자리에 고정해요.

기계공학

 # 자동차공학

자동차공학은 자동차, 트럭, 오토바이 같은 차량을 연구하는 공학이에요.
자동차공학자는 새로운 자동차를 설계하고 만들어요.
보통 차체(차량의 몸체), 엔진, 충격 흡수 장치(서스펜션) 등 차량의 한 부분을 집중적으로 연구해요.
또 전기자동차 같은 새로운 기술을 연구하고 개발하기도 한답니다.

새로운 디자인

자동차 제조 회사에서 새로운 자동차를 만들려고 할 때는 엔지니어와 디자이너가 모여서 회의하며 의견을 나눠요. 그들은 새로 만들 자동차의 기능을 결정해요. 즉, 가족용 자동차를 만들지, 스포츠카를 만들지, 비포장도로를 달릴 수 있는 특수한 자동차를 만들지 정하는 거예요. 디자이너는 자동차의 전체적인 모양을 디자인하고, 엔지니어는 자동차의 구조를 파악하고 큰 차체부터 작은 볼트와 너트에 이르기까지 자동차에 필요한 수천 개의 부품을 설계해요.

충돌 시험

자동차공학에서 안전은 매우 중요해요. 자동차는 혹시라도 사고가 났을 때 운전자와 탑승자를 최대한 안전하게 보호하도록 설계되어 있어요. 자동차의 안전장치로는 안전띠, 에어백, 범퍼 등이 있어요. 새로운 자동차 모델은 대량 생산하기 전에 여러 가지 안전 시험을 통과해야 해요. 범퍼가 충격을 제대로 흡수하는지 확인하기 위해 자동차를 일부러 단단한 금속 덩어리에 충돌시키는 시험도 거쳐요.

🚗 생산 라인

자동차는 생산 라인에서 조립돼요. 먼저 재료를 눌러서 차체의 각 부분을 만들고 페인트를 칠한 다음 조립해서 자동차의 골격인 차체를 만들어요. 차체가 생산 라인을 따라 이동하는 동안 다른 모든 부품이 추가돼요. 페인트칠과 용접을 하는 로봇을 비롯해 다양한 자동화 기계가 있는 자동차 조립 라인은 그 자체로 놀라운 공학 작품이에요.

🚗 새로운 기술

자동차공학에는 차량을 위한 새로운 기술을 연구하고 개발하는 일도 포함돼요. 미끄럼 방지 장치와 같이 우리가 일반 자동차에서 볼 수 있는 많은 신기술은 원래 경주용 자동차를 위해 개발되었어요. 자동차 경주의 세계에서 엔지니어들은 다른 경주용 차보다 100분의 1초라도 더 빠른 자동차를 만들기 위해 계속해서 실험하고 있어요.

항공공학

항공공학은 항공기를 설계하고 만드는 공학이에요. 작은 무인기부터 지금까지 공학자가 만든 가장 복잡한 기계 중 하나인 거대한 여객기에 이르기까지 다양한 항공기를 다뤄요. 항공공학자는 항공기가 어떻게 비행하는지, 즉 항공역학을 이해해야 해요.

항공기 재료

항공기를 만들려면 강하면서도 가벼운 재료가 필요해요. 알루미늄 합금은 항공기의 동체와 날개 부분에 널리 쓰이며, 종종 탄소섬유 강화 플라스틱 같은 복합재료와 함께 **적층 재료** 형태로 사용돼요. 항공기 엔진 앞부분에 있는 팬 블레이드(제트 엔진의 앞부분에서 공기를 엔진 안으로 보내는 팬 부분의 날개)는 매우 빠른 속도로 움직여요. 이 부분은 타이타늄 합금이나 복합재료를 주조하여 만들어요.

그냥 궁금해요

항공기 엔진 내부 온도는 섭씨 1,000도 이상까지 올라가요. 그래서 항공기 안의 터빈 블레이드(터빈 엔진 안에서 연료가 타는 힘을 운동으로 바꾸는 날개)는 녹는점이 매우 높은 니켈 합금으로 만들어요. 그리고 온도를 더 낮출 수 있도록 세라믹 재료로 코팅되어 있어요.

✈ 안전 시험

새로 제작된 모든 항공기는 승객을 싣고 안전하게 비행할 수 있는지 확인하기 위해 엄격한 시험을 거쳐요. 시험 비행 동안 엔지니어가 기내에 탑승하여 연료 탱크나 비행 조종 장치 같은 시스템을 점검해요. 랜딩 기어(항공기가 착륙할 때는 충격을 받아내고, 지상에 있을 때는 항공기를 받쳐 주는 바퀴가 달린 장치)가 잘 작동하는지 수백 번 올렸다 내리기를 반복하지요. 항공기가 물에 잠긴 활주로에 착륙할 때 미끄러지지 않는지 확인하기 위해 **수막현상**도 시험해요. 항공기의 안전은 매우 중요하기 때문에 항공공학자는 예비 장비를 함께 설계해요. 그래서 어느 한 장비가 고장이 나도, 예비 장비가 대신 작동할 수 있게 해요. 항공기 사고는 드물지만, 사고가 발생하면 전문 엔지니어가 문제의 원인을 찾기 위해 조사해요. 그리고 필요하다면, 항공기의 설계를 바꿔서 문제의 원인이 되는 부분을 고쳐요.

✈ 파괴 시험

새로운 유형의 제트 엔진은 다른 기계와 같은 방식으로 시험해요. 제트 엔진의 시제품을 만들어서 원래 계획대로 작동하는지 확인해요. 필요한 만큼의 힘을 내는지, 과열되지는 않는지, 연료는 얼마나 사용하는지 시험해 봐요. 만약 어떤 물체가 엔진 안으로 날아들어 오면 팬 블레이드가 부서질 수도 있어요. 항공공학자는 설령 팬 블레이드가 부서져 엔진 내부가 파손되더라도 파손된 부분이 엔진 케이스 밖으로 날아가 항공기의 다른 부분을 망가트리지 않는지 반드시 확인해야 해요. 그래서 엔진이 최대 출력으로 돌아갈 때 일부러 팬 블레이드를 부러뜨려 보는 파괴 시험을 진행해요.

항공우주공학

항공공학의 기술은 우주선과 우주선을 궤도에 쏘아 올릴 로켓을 설계하고 만드는 데도 사용돼요.
그래서 항공공학과 우주공학을 같이 묶어서 항공우주공학이라고 불러요.

🚀 우주선 만들기

우주는 기계에 친절한 곳이 아니에요. 우주선은 발사 후 지구로 돌아오는 동안 극한의 온도와 높은 수준의 방사선, 엄청난 힘을 잘 버텨 내야 해요. 우주 비행사가 탑승한 우주선은 우주에서 비행사들을 안전하게 보호할 수 있어야 하고, 지구로 다시 돌아올 때 받는 높은 온도에 타버리지 않도록 고온에도 견딜 수 있어야 해요. 항공우주공학자는 우주에서 길을 찾고, 우주선의 방향을 바꾸고, 우주인이 우주에서 생명을 유지하고, 다른 우주선과 연결할 수 있도록 시스템을 설계해야 해요. 태양계를 가로질러 다른 행성과 위성까지 먼 거리를 이동하는 로봇 우주 탐사선을 설계하는 것도 매우 어려운 일이에요. 탐사선을 발사하고 나서 몇 년이 지난 후에도 지구로부터 멀리 떨어진 곳에서 탐사선이 잘 작동하는지 확인하기 위해 시스템을 반복해서 시험해야 해요.

🚀 로켓 엔진 시험

우주 발사체(우주선 등을 싣고 지구에서 우주로 나르는 로켓 장치)는 매우 강력한 로켓 엔진의 힘을 이용해서 나아가요. 우주 발사체에는 크고 작은 여러 개의 로켓 엔진이 장착되어 있어요. 이러한 로켓 엔진은 엄청난 힘과 높은 온도를 버틸 수 있도록 설계되어야 해요. 새로운 로켓 엔진은 충분한 추력(물체를 운동 방향으로 밀어붙이는 힘)을 낼 수 있는지 확인하는 시험을 거쳐요. 또 우주 발사체에는 엔진에 연료를 공급하는 연료 시스템, 지구 궤도에 들어갈 수 있게 방향을 조종하는 유도 장치, 발사 후 로켓 엔진을 버리고 우주선을 우주 공간에 놓아 주는 시스템도 필요해요. 그리고 이 모든 것이 지구 궤도에 진입하는 데 필요한 속도인 초속 11킬로미터보다 빠른 속도로 작동해야 해요.

🚀 우주 비행사 엔지니어

우주선과 우주 발사체는 엔지니어들이 땅 위에서 만들어요. 하지만 우주, 특히 국제우주정거장에서도 엔지니어가 해야 할 일이 많고, 우주 비행사 대부분은 전문 엔지니어이기도 해요. 국제우주정거장은 우주 비행사들이 지구에서 로켓에 실려 발사된 부품을 사용해 우주에 건설했어요. 때때로 고장 난 부분이 생기면 우주 비행사는 우주 유영을 하며 국제우주정거장을 수리하기도 해요.

 # 조선해양공학

조선해양공학자는 배와 해양 시추 장비, 그 밖에 여러 해상 구조물을 설계하고 만들어요. 또 배를 수리하고 관리하지요. 거친 파도와 소금기 있는 바닷물은 금속으로 된 배를 삭거나 녹이 슬게 하기 때문에, 배를 만들 때는 이런 가혹한 환경을 견딜 수 있도록 설계해야 해요. 대형 선박에는 대부분 엔지니어가 함께 타고 있어요.

크게 생각하기

배를 만드는 것은 거대한 규모의 공학 작업이에요. 가장 큰 화물선과 유람선은 도로만큼 길어요. 선체(배의 몸체)는 그 아래로 큰 파도가 지나갈 때 비틀리거나 구부러지지 않도록 설계되어야 해요. 일반적으로 선체는 상자 모양의 강철 구조물인 방수 격실(침수가 발생해도 문을 닫으면 물이 들어오지 않게 만들어 놓은 배의 각 공간)로 나누어져 있어요. 거대한 엔진이 커다란 프로펠러를 돌려서 배를 움직여요. 프로펠러의 날개는 효율성을 높이기 위해 구부러져 있으며, 프로펠러는 **부식**에 강한 금속 합금으로 만들어요.

시험 운항

모든 배는 설계한 대로 작동하는지 확인하기 위해 시험 운항을 해 봐요. 엔지니어가 배에 올라타서 최대 속도는 얼마나 되는지, 엔진이 역회전할 때 속도가 얼마나 느려지는지, 급히 방향을 바꿀 때 배가 얼마나 기울어지는지 확인해요. 또 엔진을 점검하고, 프로펠러가 진동을 일으키지 않고 부드럽게 작동하는지 확인해요.

승선 엔지니어

배에 탄 엔지니어는 배의 엔진, 조종 장비, 전기 시스템과 항법 시스템 등을 관리해요. 배에 있는 모든 기계의 작동은 제어실에서 전자적으로 조종되고 이상이 없는지 관찰돼요. 승선 엔지니어는 바다에서 간단한 수리 작업도 한답니다.

해양 시추 장비

해양 시추 장비는 바다 밑바닥에 구멍을 뚫어 석유를 찾거나 석유를 바다 위로 퍼내는 데 사용돼요. 해양 시추 장비는 초고층 빌딩만큼 높은 거대한 구조물이에요. 그중에는 닻을 내린 상태로 제자리에 고정되어 물 위에 떠 있는 것도 있고, 바다 바닥 위에 세워진 긴 기둥에 얹혀 있는 것도 있어요. 해양 시추 장비는 강한 바람과 큰 파도를 견딜 수 있도록 설계돼요. 육지에서 만들어진 해양 시추 장비를 필요한 곳으로 옮길 수 있도록 특수 선박이 필요해요.

의공학

의공학자는 기계공학 기술(및 전자공학 기술)을 의학 지식과 결합하여
인공 팔다리, 인공 관절 그리고 인공 장기를 만들어요.
이러한 의공학 장치들은 팔다리를 잃었거나,
관절이 손상되거나 닳아 없어진 사람들에게 도움이 돼요.

최신기술로 만든 다리

인공 팔을 **의수**, 인공 다리를 **의족**이라고 불러요. 현대의 의족과 의수를 만드는 데는 복잡한 공학 기술이 필요해요. 오른쪽 그림에 있는 의족은 허벅지 아래의 다리를 잃은 사람을 위해 만든 것이에요. 이 의족은 무릎 관절이 앞뒤로 자연스럽게 움직여서 이 의족을 찬 사람이 걸을 수 있게 해 줘요. 의족에 달린 움직임 감지기가 사람이 다리를 흔드는 속도를 감지하고, 이 데이터는 무릎 관절이 움직이는 속도를 제어하는 소형 컴퓨터로 전달돼요. 이를 '마이크로프로세서 무릎'이라고 해요. 다리와 의족을 연결하는 부분은 가볍게 만들기 위해 탄소섬유 강화 플라스틱으로 제작해요.

그냥 궁금해요

의공학자는 장애인 운동선수를 위한 의족도 만들어요. 이런 용도의 의족은 스포츠화를 신었을 때 다리에 느껴지는 느낌이 그대로 나게 하려고 가볍고 탄력 있게 설계돼요.

생체공학

의공학자는 전기 모터로 움직이고 착용자가 조종할 수 있는 의족과 의수를 개발하고 있어요. 이런 의족과 의수의 관절은 진짜 팔다리 관절의 움직임과 물체를 잡는 손의 움직임을 따라 할 수 있어요. 이러한 의족과 의수를 **생체공학적 팔다리**라고 해요. 생체공학적 팔에서는 전자 장치가 위팔(어깨에서 팔꿈치까지)에 있는 근육을 움직이는 미세한 전기 신경 신호를 감지해요. 전자 장치는 이 신호를 해석해서 관절과 손가락을 움직이는 모터를 제어해요. 머리를 긁는 것과 같은 간단한 동작조차도 생체공학적 팔이 사람의 팔과 똑같이 움직이도록 만드는 일은 여전히 매우 어려워요.

인공 관절

의공학자는 관절이 닳았거나 질병으로 관절이 손상된 사람들을 위해 인공 관절을 설계하고 만들어요. 엉덩이 관절이나 무릎 관절을 인공 관절로 대체하는 경우가 가장 흔해요. 닳아버린 관절을 대신하는 인공 관절의 부품은 타이타늄이나 스테인리스강, 코발트-크로뮴 같은 금속이나 합금으로 만들어요. 이런 재료는 튼튼하면서도 가벼워요. 금속 부품 사이에 세라믹과 견고한 플라스틱을 넣어서 인공 관절이 부드럽게 움직일 수 있게 해요.

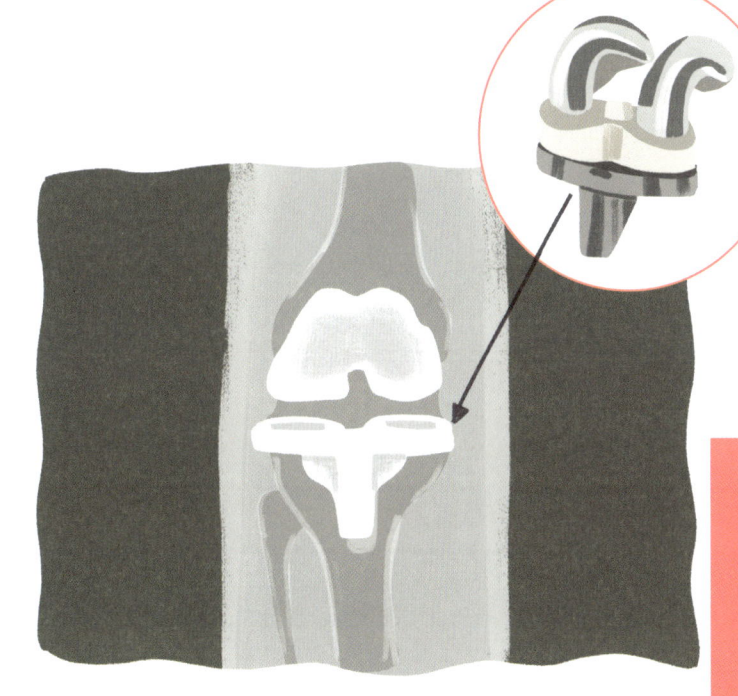

5장
전기전자 공학

우리는 매일 전기와 전자 제품의 도움을 받고 살아요.
전등과 냉난방기, 주방용 가전제품과 차량에 전력을 공급하려면 전기가 필요해요.
또 전화기, 컴퓨터, 게임기, 인터넷을 사용하려면 전자 장치가 필요하지요.
우리가 이 모든 것을 쓸 수 있는 것은 전기전자공학자 덕분이에요.

이번 장에서는 전기전자공학자가
어떻게 전기를 다루고 우리가 사용할 수 있게 만드는지,
어떻게 마이크로칩에 아주 작은 전기전자회로를 넣는지,
통신 시스템, 교통 및 의학 분야에서 전기전자공학 기술을
어떻게 활용하는지 알아볼 거예요.

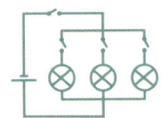 # 전기전자회로 설계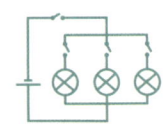

전기전자공학자는 간단한 전등에 들어가는 회로부터 전자 기기에 필요한 복잡한 회로까지, 여러 가지 전기전자회로를 설계하고 만들고 시험해 봐요. 전기전자공학자는 전기전자회로가 무엇에 필요한지 이해하는 것부터 시작해요.

전자 부품

전기전자회로는 전류가 흐르는 통로예요. 전기전자회로에는 **전지, 저항기, 축전기, 트랜지스터, 마이크로칩** 같은 전자 부품이 들어가요. 이러한 전자 부품들은 각각 역할이 있어요. 전지는 전기전자회로에 전류를 공급하고, 저항기는 전류의 흐름을 늦춰 주고, 축전기는 전하(전기를 띤 입자)를 저장하고, 트랜지스터는 스위치처럼 작동해요. 서로 다른 전자 부품들을 연결해서 다양한 작업에 필요한 전기전자회로를 설계할 수 있어요.

회로도

새로 만들 전기전자회로가 무엇에 필요한지 파악한 다음에는 어떤 전자 부품들이 필요하고 그 부품들을 어떻게 연결할지 결정해요. 전기전자회로 설계의 첫 단계는 설계자가 전자 부품들이 어떻게 연결되는지 볼 수 있도록 회로도를 그리는 거예요. 회로도를 그릴 때 각각의 전자 부품은 기호로 표시해요. 예를 들어 **저항기**는 지그재그로 그린 선이고, 평행하게 그린 선 두 개는 **축전기**예요. 이렇게 그린 전기전자회로도는 엔지니어가 전기전자회로 기판에 전자 부품들을 어떻게 배치할지 파악하는 데 도움을 줘요.

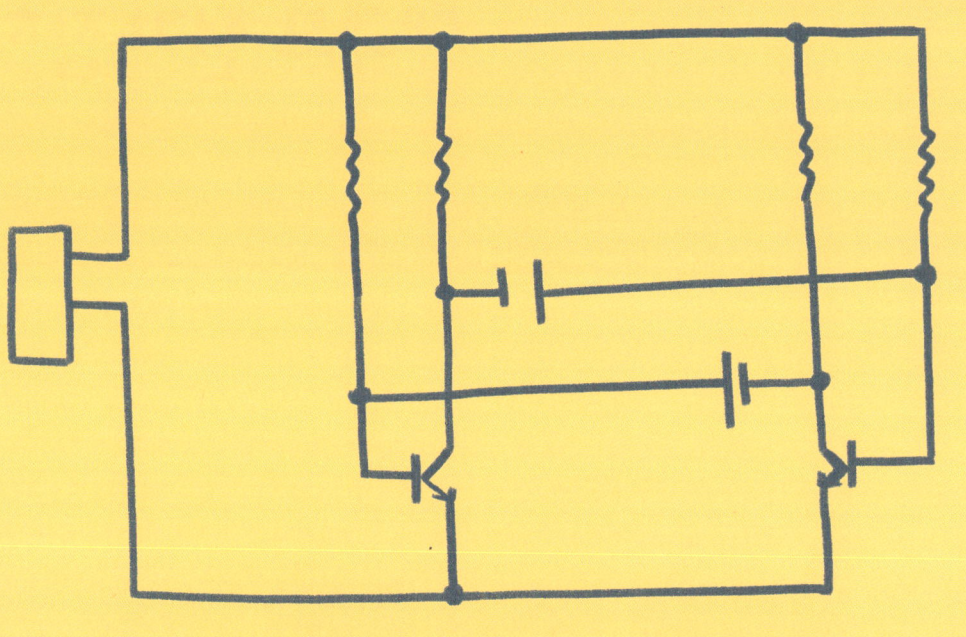

전기전자회로 시험

전기전자회로를 설계하고 나면, 회로도를 따라 시제품을 만들어요. 전자 부품들을 연결하는 전선이 포함된 전기전자회로 기판에 전자 부품들을 납땜해요. 그다음에 시제품이 설계한 대로 작동하는지 확인해요. 멀티 미터라는 기계를 이용해서 전기전자회로의 각 부품에 흐르는 전류의 양을 확인해요. 만약 전기전자회로가 예상대로 작동하지 않는다면, 부품을 바꿔서 새로운 시제품을 만들어 봐요.

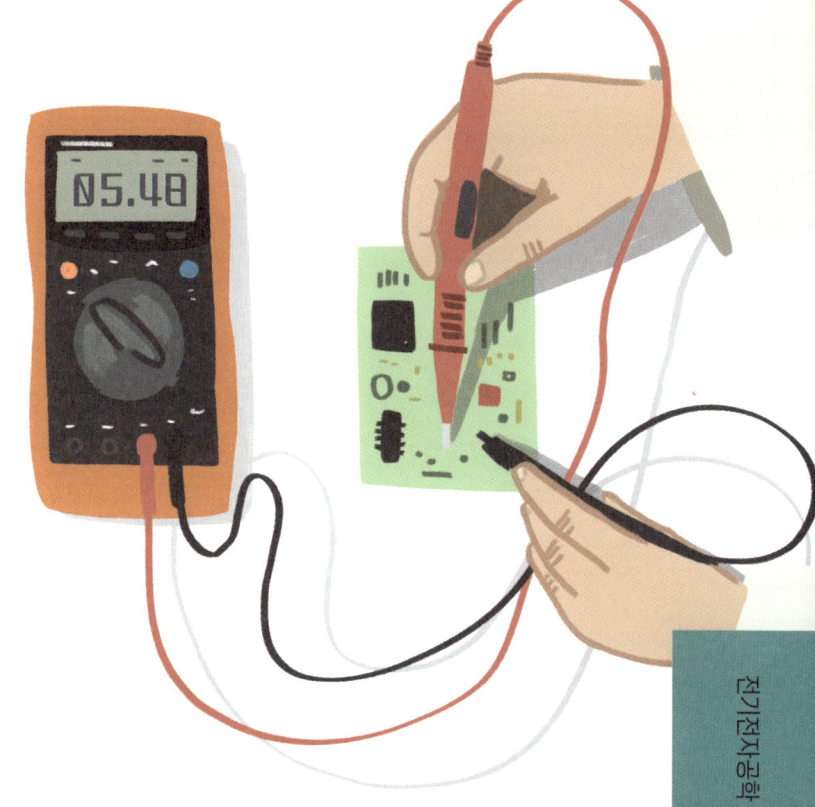

대규모 전기 장치

전기공학자는 집, 공장, 사무실, 가로등에 전기를 공급하는 장치를 설계하고 만들어요. 이러한 장치에는 매우 큰 전류를 전달하는 데 필요한 발전기, 송전선, 변압기 등이 있어요. 전기자동차와 전철의 운행을 위해서도 대규모 전기 장치가 필요해요.

태양광 발전

전기공학자는 태양 빛의 에너지를 전기로 바꾸는 **태양광 발전소**를 설계하고 만들어요. 재생 에너지의 필요성이 커지고 있는 만큼 점점 더 많은 태양광 발전소가 건설되고 있어요. 전기공학자는 발전소에 필요한 태양 전지의 개수, 설치 위치, 연결 방법을 결정해요. 또한 태양 전지에서 생산된 전기를 전기 공급망으로 보내는 전기회로를 설계해요. 전기공학자는 풍력 발전소 같은 다른 재생 에너지 발전소에서도 일해요.

발전기

전통적인 발전소에서는 석탄이나 가스 같은 연료를 태워서 발생하는 증기로 **터빈**을 돌려서 발전기를 작동시켜 전기를 생산해요. 발전기는 운동 에너지를 전기로 바꿔요. 전기공학자는 이러한 발전기의 설계와 설치를 계획해요.

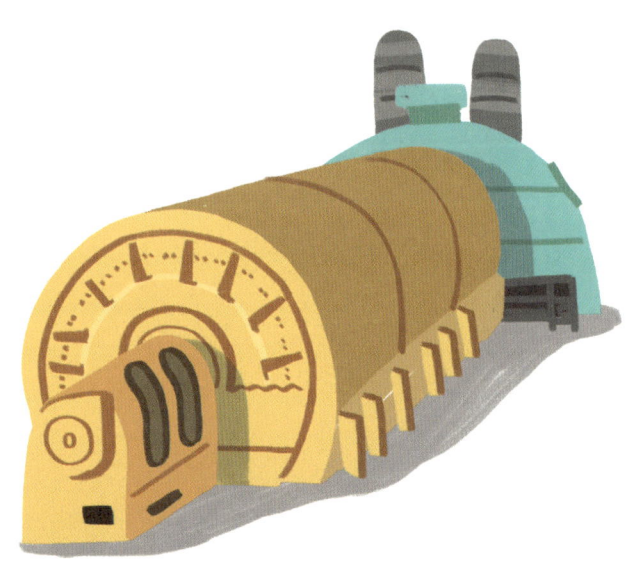

송전선

복잡한 송전망은 발전소에서 생산된 전기를 마을과 도시의 변전소로 보내 줘요. 변전소에서는 전선을 따라 집, 공장, 사무실, 가게, 철로로 전기를 보내요. 전기공학자는 이런 송전선을 만들고, 유지하고, 고쳐요. 또 발전소에서 생산된 전기가 마을과 도시에서 어디로 가는지 추적 관찰하고 제어해요.

전기 철도

전기공학자는 경전철이나 전동차, 지하철 등 전기로 움직이는 교통수단을 위한 전기 설비(전원 공급 장치, 가공선 등)를 만들어요. 이 전기 설비는 강한 전류를 제어해서 열차에 있는 전기 모터를 작동시켜요. 열차에는 더 많은 전기 장비가 필요해요. **자기부상열차** 선로에는 자기부상열차를 달리게 하는 강력한 전자석을 움직이기 위해 복잡한 전기 설비가 필요하지요.

❓ 그냥 궁금해요

실험용 자기부상열차는 초전도 자석을 사용해요. 초전도 자석은 초전도체로 만든 전기 코일이 달린 전자석이에요. 초전도체는 전기 저항이 거의 없는 물질을 말해요.

소규모 전자 제품

모든 최신 전자 기기에는 집적 회로라고도 하는 마이크로칩이 들어가 있어요.
마이크로칩은 작은 크기의 전자 부품(트랜지스터, 저항기, 축전기)들로 구성되고,
이 모든 전자 부품이 하나의 실리콘 칩에 올려져 있어요.

아주 작은 조각

마이크로칩을 만드는 것은 아주아주 작은 규모의 공학이에요. 여기에 들어가는 부품은 너무 작아서 현미경으로만 볼 수 있어요. 가장 작은 것은 가로 길이가 수 나노미터(수백만 분의 1센티미터)밖에 되지 않아요. 마이크로칩은 모래에서 발견되는 **실리콘**이라는 물질로 만들어요. 실리콘은 **도체**(전기가 통하는 물질), **부도체**(전기가 통하지 않는 물질) 또는 **반도체**(도체와 부도체의 중간 정도인 물질)로도 만들 수 있어요.

마이크로칩 설계

마이크로칩에 들어가는 각 부품과 이들을 연결할 전선의 위치는 컴퓨터 프로그램으로 계산해 설계해요. 그런 다음 마이크로칩 시제품을 만들어요. 마이크로칩은 실리콘 한 조각으로 시작하여 다른 실리콘을 여러 층 쌓아 올리면서 안에 들어가는 부품들을 서로 연결해요. 하나의 마이크로칩에는 최대 100개의 층을 쌓을 수 있어요.

빛을 이용한 공학

마이크로칩의 모든 층은 **포토레지스트**라는 재료로 덮여 있어요. 포토레지스트는 빛에 민감해서 빛을 쪼여 주면 성질이 변해요. 마이크로칩을 만들 때는 포토리소그래피를 하는 기계에 넣어요. 포토리소그래피는 렌즈를 통해 실리콘(규소) 판에 설계도의 모양대로 빛을 쪼여 주는 과정이에요.
포토리소그래피를 통해 빛을 쪼여 주면 포토레지스트 위에 설계도의 모양이 새겨져요. 그다음에 마이크로칩을 오븐에 넣어서 가열한 뒤, 남은 포토레지스트를 씻어내요. 그러면 빛을 쪼인 포토레지스트는 씻겨 내려가고, 빛을 쪼이지 않은 포토레지스트는 계속 실리콘 판 위에 남아 있어요. 그러고 나서 화학 약품을 실리콘 판에 묻혀 주면 포토레지스트로 덮여 있지 않은 부분의 모양대로 새로운 층이 하나 더 생겨요. 이 과정을 계속 반복해서 여러 층을 쌓아 마이크로칩을 만든답니다.

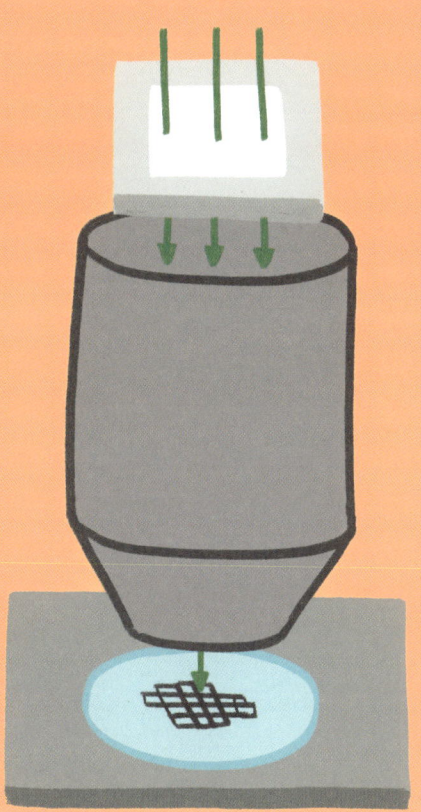

그냥 궁금해요
최신 노트북 컴퓨터의 중앙처리장치 칩에는 20억~30억 개의 트랜지스터가 들어가 있어요.

깨끗한 공학

아주 작은 먼지 조각이나 액체 한 방울도 생산 과정에 있는 마이크로칩을 망칠 수 있어요. 그래서 팹(fab, fabrication facility)이라고 부르는 마이크로칩 공장은 티끌 하나 없이 깨끗해야 해요. 미세한 먼지까지 제거한 이런 작업실을 '클린 룸'이라고 불러요. 이곳의 공기는 외부 공기보다 10,000배나 더 깨끗해요! 온도도 세심하게 관리되고, 작업자들은 먼지를 줄이기 위해 방진복이라는 특수 작업복을 입어요.

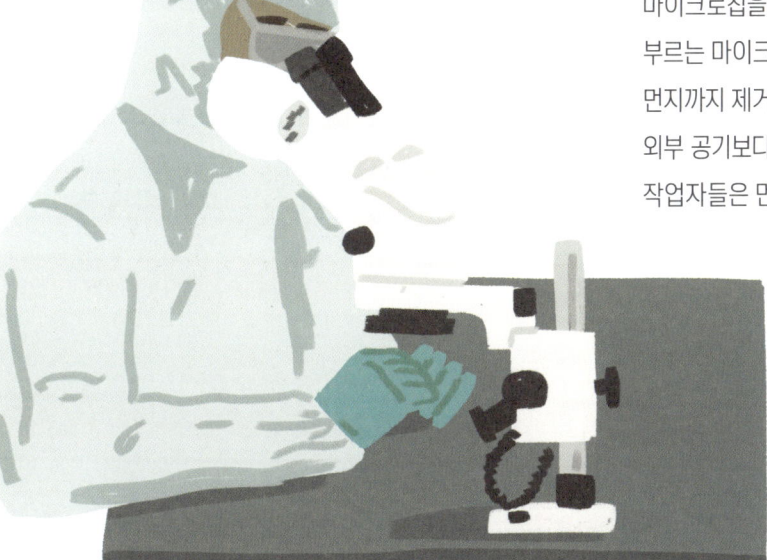

통신

전기공학자는 전화망, 인터넷, 텔레비전, 케이블망 같은 통신 시스템을 만들고 관리해요. 그들은 데이터 센터, 지하 및 해저 케이블, 인공위성, 무선 인터넷 등을 다뤄요.

데이터 센터

데이터 센터는 인터넷에 연결되어 있어요. 데이터 센터에서는 클라우드에 있는 사진이나, 웹사이트에 있는 데이터, 이메일 등 인터넷 사용자가 온라인으로 접속해 이용할 수 있는 데이터를 저장해요. 데이터 센터에는 데이터가 보관되는 저장 장치와 인터넷 사용자에게 정보를 보내는 서버, 모든 장비가 돌아가게 하는 전원 공급 장치, 그리고 예비 전원 공급 장치와 냉각 장치가 있어요.

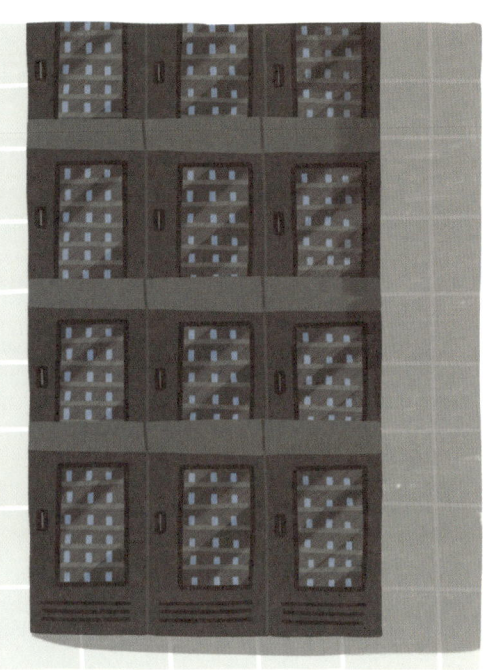

? 그냥 궁금해요

인터넷을 통해 이동하는 데이터인 인터넷 트래픽과 전화 신호의 약 97%가 해저 케이블을 통해 전송돼요.

해저 케이블

해저 케이블은 통신 네트워크에서 매우 중요한 역할을 해요. 해저 케이블은 대륙과 대륙, 내륙과 섬을 이어 데이터를 전달해요. 해저 케이블을 까는 것은 전문 기술이 필요한 작업이에요. 해저 케이블 설치에 사용되는 특수한 배(부설선)는 케이블이 감겨 있는 커다란 통을 가득 싣고 움직여요. 이 배에는 바다 바닥에 케이블을 파묻고 케이블이 손상되지 않도록 보호하는 작업을 하는 잠수정이 매달려 있어요. 엔지니어는 암초나 난파선 같은 해저에 있는 위험 요소를 피해서 케이블을 설치해야 해요. 해저 케이블의 양쪽 끝은 육지에 있는 통신 네트워크에 연결돼요.

케이블의 구조

데이터 케이블에서는 데이터를 보내는 신호를 광섬유라고 부르는 얇은 유리 가닥을 통해서 빛의 깜박임(섬광)으로 전달해요. 해저 케이블 안에서는 이 깨지기 쉬운 광섬유 가닥을 강화하고 방수해 주는 재료로 겹겹이 감싸서 보호해요. 그래서 케이블은 탄산음료 캔만큼 굵어요. 케이블을 통해서 전달되는 신호는 점차 약해지기 때문에, 100킬로미터 정도마다 신호의 강도를 높여 주는 리피터라는 장비를 설치해요. 케이블은 보통 25년 정도 사용한 뒤 새것으로 교체해요.

위성 공학

지구 궤도에 있는 통신 위성은 지구로 통신 신호를 전달해요. 통신 위성은 지구 중계소(지상국)에서 보내는 신호를 잡아서 다시 다른 중계소로 보내요. 위성 통신은 오지나 바다에서 아주 유용해요. 전자공학은 GPS, 원격 탐사 및 기상 위성을 만드는 데도 활용돼요.

 전화망

우리가 사용하는 전화기는 통화와 데이터를 처리하는 복잡한 통신망에 연결되어 있어요. 통신 엔지니어는 도시와 시골 곳곳에 널리 퍼져 있는 송신탑과 수신탑을 포함하여 이러한 통신망을 설계하고, 만들고, 관리해요.

기지국

휴대전화 기지국의 안테나는 휴대전화에서 나오는 신호를 받아서 보내요. 하나의 기지국에서 담당하는 영역을 '셀(cell)'이라고 불러요. 기지국 안테나는 담당하는 셀에 있는 휴대전화의 통화와 데이터를 처리해요. 만약 여러분이 한 셀에서 다른 셀로 이동하면, 통신 네트워크는 자동으로 여러분 휴대전화의 신호를 이동한 셀의 기지국과 연결해 줘요. 도시에서는 좁은 공간에도 휴대전화 사용자가 많이 모여 있어서 기지국에서 처리할 것이 많으므로 도시에 있는 셀은 시골에 있는 셀보다 더 작은 범위로 나뉘어 있어요. 기지국은 서로 연결되어 전화망을 이뤄요. 통신 엔지니어는 기지국이 강한 바람에도 버틸 수 있도록 설계한 다음, 그 위에 안테나를 설치해요. 신호가 땅 위에 있는 전화기로 원활하게 오갈 수 있도록 안테나는 장애물이 없는 높은 곳에 설치해야 해요.

통신선 연결

집과 사무실, 공장에서는 대부분 지하나 지상에 있는 통신선을 통해 통신망에 연결돼요. 통신선은 전화 통화, 인터넷 데이터 또는 텔레비전 신호를 전달할 수 있어요. 한 지역의 모든 통신선은 배선함의 통신망에 연결돼요. 현장에서 일하는 엔지니어는 새로운 통신선을 배선함에 설치하고, 고장이 나면 수리해요.

외딴곳을 위한 기술

통신 엔지니어는 외딴곳에 있는 사람들도 인터넷과 전화를 사용할 수 있도록 통신선과 전화 기지국을 설치해요. 통신선 설치를 위한 가장 좋은 경로와 기지국 안테나를 설치하기에 가장 좋은 장소를 고른 다음 외딴 지역에서 장비를 설치하는 작업을 하지요.

입력 장치와 출력 장치

대부분의 전자 기계와 장비는 정보를 받고 내보내요. 이는 입력 장치와 출력 장치를 통해 이루어져요.
터치, 움직임, 빛 또는 소리를 감지하는 센서는 입력 장치의 하나예요.
전등이나 스피커, 구동기(뭔가를 움직이게 하는 것)는 출력 장치가 될 수 있어요.
예를 들어 디지털 초인종에는 입력 장치로 터치 감지 버튼이 있고, 출력 장치로 소리를 내는 버저가 있어요.

빛과 열을 감지하는 센서

빛을 감지하는 광센서는 밝기를 인식해요. 간단한 광센서는 빛이 비치면 전기 흐름을 차단하고, 어두우면 전기가 흐르게 해요. 이런 종류의 센서를 가로등에 달면, 낮에는 가로등이 꺼지고 밤에는 켜지게 할 수 있어요. 보안등과 경보 시스템에는 가시광선 센서보다는 **적외선**(열) 센서를 사용해요. 적외선 센서는 사람의 몸에서 나오는 열을 감지해요. 이 센서와 연결된 전자회로는 적외선 센서가 열을 감지하면 몇 초 동안 조명을 켜거나 경보음이 울리게 해요.

구동기

구동기는 전자회로의 신호를 동작으로 바꾸는 출력 장치예요. **서보모터**는 무선 모형을 조종하는 데 자주 사용되는 전기 모터의 한 종류예요. 전자회로에서 나오는 신호는 바퀴를 특정 위치로 움직이게 하거나 특정 속도로 돌아가게 해요. 엔지니어는 전기 구동기, **유압** 구동기, **공기압** 구동기를 써서 비행기의 착륙 장치부터 자동 택배 분류 기계에 이르기까지 다양한 기계의 부품을 움직이게 해요.

시각적 표시 장치

LED로 만든 정보 표시 장치는 출력 장치의 하나예요. LED를 한 개만 사용하면 연기 감지기와 같은 장비가 켜져 있거나 꺼져 있는지, 또는 제대로 작동하고 있는지 보여 줄 수 있어요. LED를 여러 개 묶어서 장치를 만들면 디지털시계처럼 숫자를 표시하거나 상하 또는 좌우로 움직이는(스크롤) 메시지를 표시할 수 있어요. 여기에 들어가는 LED는 장비 안에 있는 전자회로로 제어해요. 휴대전화나 태블릿의 화면도 수백만 개의 작은 LED 조명으로 이루어진 시각적 출력 장치예요.

 # 메커트로닉스

메커트로닉스(mechatronics)란 기계공학(mechanical engineering)과 전자공학(electronic engineering)을 통합한 분야를 말해요. 예를 들어 메커트로닉스에서는 잔디깎이 로봇이나 공장용 로봇 같은 기계를 제어하기 위해 전자공학을 사용해요. 보통 이러한 기계에는 기계가 해야 하는 일이 프로그래밍 된 컴퓨터가 내장되어 있어요.

공장용 로봇

로봇은 사람의 도움 없이 자동으로 일을 할 수 있는 기계예요. 로봇은 대부분 공장, 특히 자동차 제조 공장에서 작업하는 로봇 팔이에요. 이런 로봇은 복잡한 움직임을 반복하도록 프로그래밍 되어 있고, 드릴, 용접, 페인트칠 등을 할 수 있는 도구들이 장착되어 있어요. 로봇에 달린 센서가 로봇 팔 관절의 각도를 알아내고, **구동기**는 이 각도를 참고해서 관절을 움직여요.

걷는 로봇

걷는 것은 우리에게는 쉬운 활동이지만, 넘어지지 않고 두 발로 걷는 로봇을 설계하는 것은 꽤 어려운 일이에요. 그러나 공학자들은 걷고, 뛰고, 심지어 밀어도 똑바로 서 있을 수 있는 로봇을 만들어 냈어요. 걷는 로봇에는 관절의 각도와 몸의 기울기, 어느 방향으로 얼마나 빨리 넘어지는지를 감지하는 수십 개의 센서가 달려 있어요. 걷는 로봇의 컴퓨터 프로그램은 이 센서로 입력된 데이터를 사용해 관절을 움직이는 **구동기**를 작동시켜 로봇이 움직이고 균형을 유지하도록 해요. 로봇이 부드럽게 움직이게 하려면 이런 과정을 1초에 수백 번 반복해야 해요.

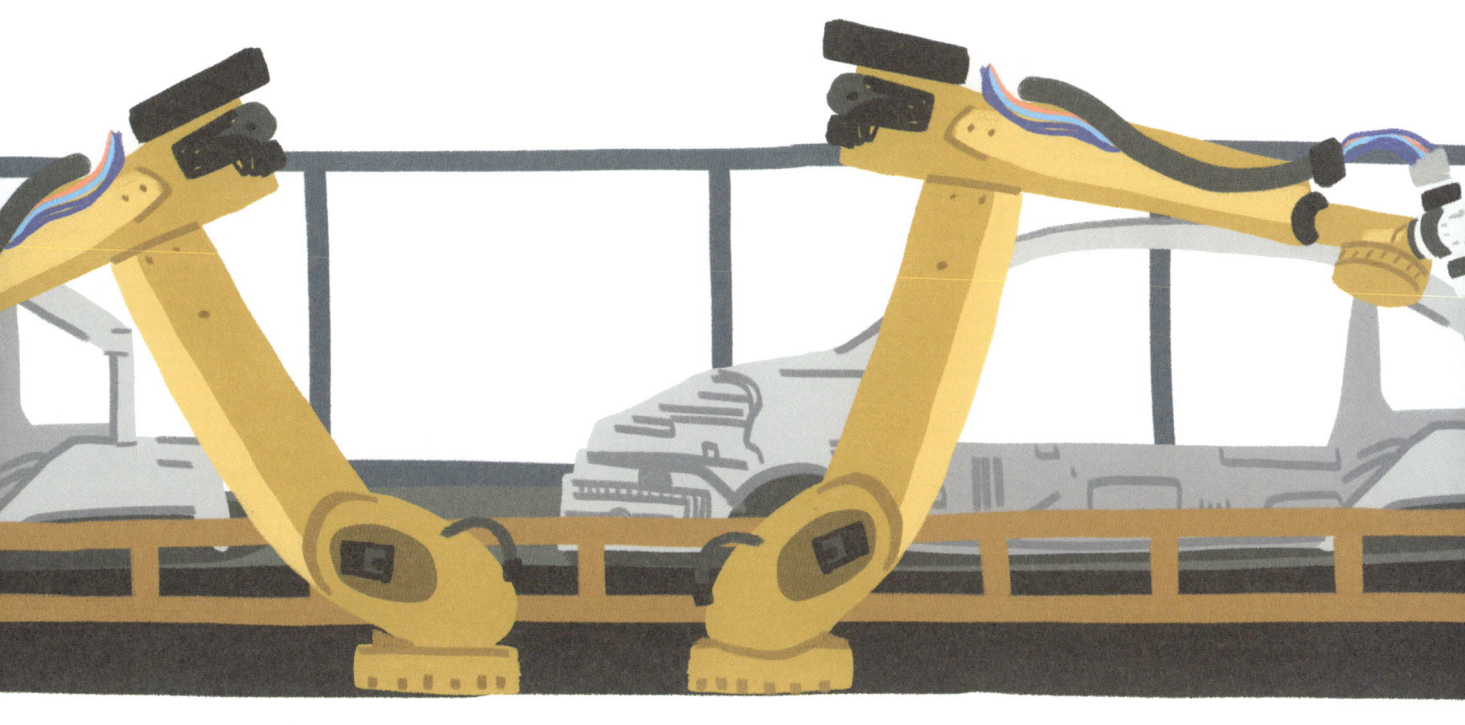

공중에서의 메커트로닉스

메커트로닉스는 땅에서뿐만 아니라 공중에서도 쓸모가 많아요. 드론은 정해진 대로 비행하거나 멀리서 조종할 수 있는 날아다니는 로봇이에요. 드론에 달린 센서는 날고 있는 드론의 기울기와 위치를 감지해요. 드론에 내장된 컴퓨터는 드론이 정해진 방향과 속도로 비행하고 위아래로 오르내릴 수 있도록 각 프로펠러를 얼마나 빨리 돌려야 하는지 계산해요. 메커트로닉스는 비행기의 조종면(방향타, 보조날개, 승강타)을 자동으로 움직여서 비행기가 고도를 유지하면서도 똑바로 날 수 있도록 하는 비행기 자동 조종 시스템에도 쓰여요.

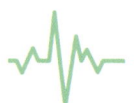 # 의료용 전자공학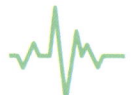

전기전자공학자는 의료에 사용되는 전기 및 전자 기기와 장비를 설계하고 만드는 일을 도와요.
이러한 의료용 기기는 디지털 체온계나 보청기처럼 간단한 것도 있고
전신 스캐너처럼 복잡한 것도 있어요.
또 인공 심장박동기와 인공 관절처럼 환자의 몸 안에 들어가는 것도 있답니다.

입력 장비와 출력 장비

디지털 체온계는 전자공학을 사용하는 간단한 의료 기기예요. 디지털 체온계는 렌즈를 통해 환자의 이마에서 나오는 적외선 열을 **열전퇴**라는 센서에 모아요. 이렇게 하면 체온계 안에 있는 전자회로에 흐르는 전류의 양이 달라져요. 그 전류의 양에 따라 전자회로가 사람의 체온을 계산해서 체온계 화면에 표시해요.

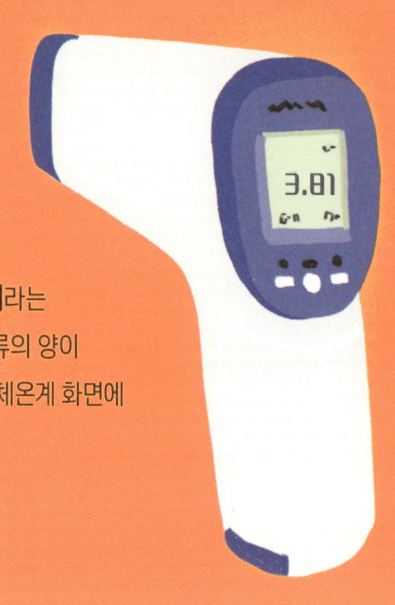

의료용 센서

의료용 센서는 환자의 체온, 심장 박동 수, 호흡수, 혈압, 그리고 혈액에 있는 산소의 농도 같은 중요한 생체 신호들을 측정해요. 각각의 생체 신호는 각기 다른 센서로 측정하고, 측정한 값은 하나의 모니터에 표시돼요. 의료용 센서는 다양한 방식으로 작동해요. 예를 들어, 심장 박동 수 센서는 심장 근육이 내는 미세한 전기 신호를 측정하고, 산소 농도 모니터는 혈액이 흡수하는 빛의 양을 측정하지요.

스캐너

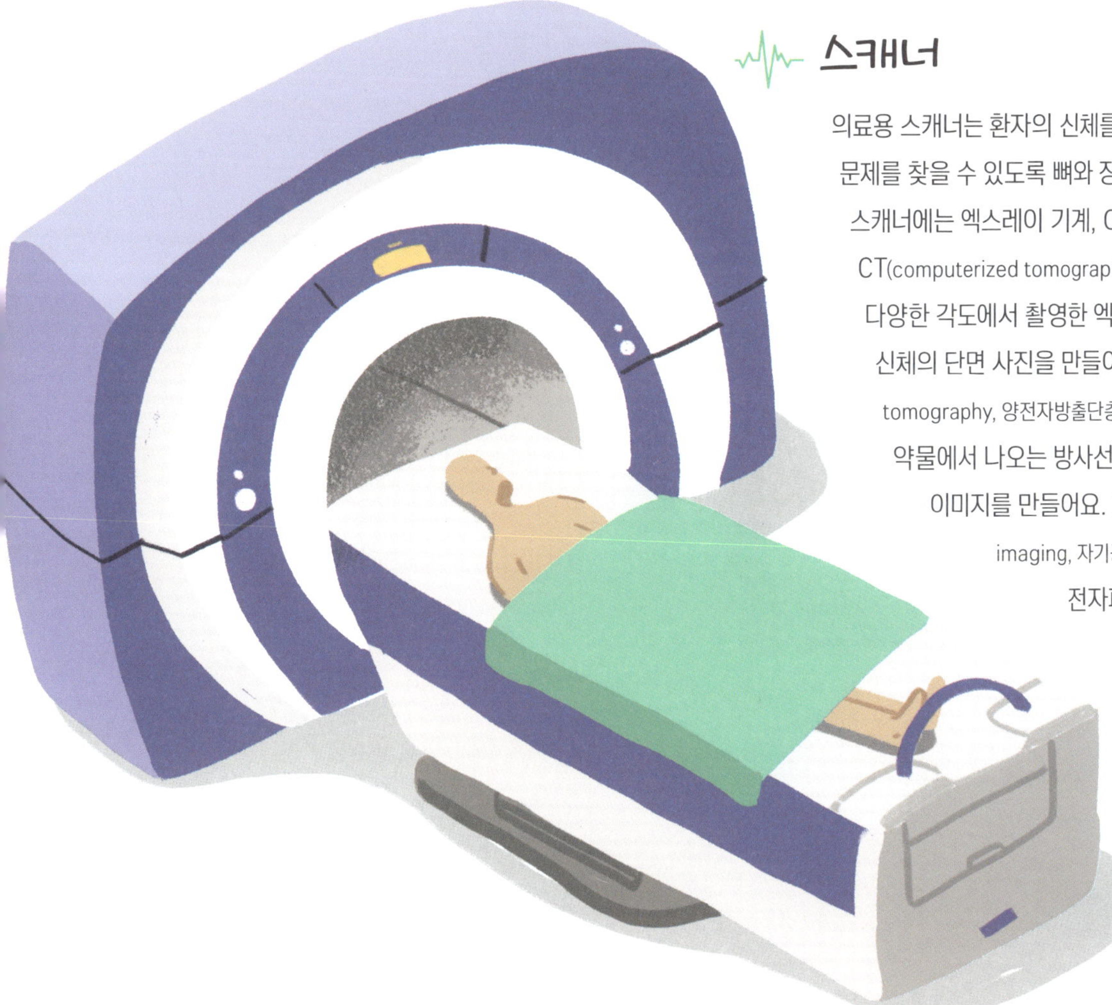

의료용 스캐너는 환자의 신체를 촬영해서 의사가 문제를 찾을 수 있도록 뼈와 장기를 보여 줘요. 의료용 스캐너에는 엑스레이 기계, CT, PET, MRI 등이 있어요. CT(computerized tomography, 컴퓨터단층촬영) 장비는 다양한 각도에서 촬영한 엑스레이 사진들을 사용해 신체의 단면 사진을 만들어요. PET(positron emission tomography, 양전자방출단층촬영) 장비는 몸에 주사한 약물에서 나오는 방사선을 감지하여 자세한 입체 이미지를 만들어요. MRI(magnetic resonance imaging, 자기공명영상) 장비는 강력한 자석과 전자파를 사용하여 영상을 만들어 내요.

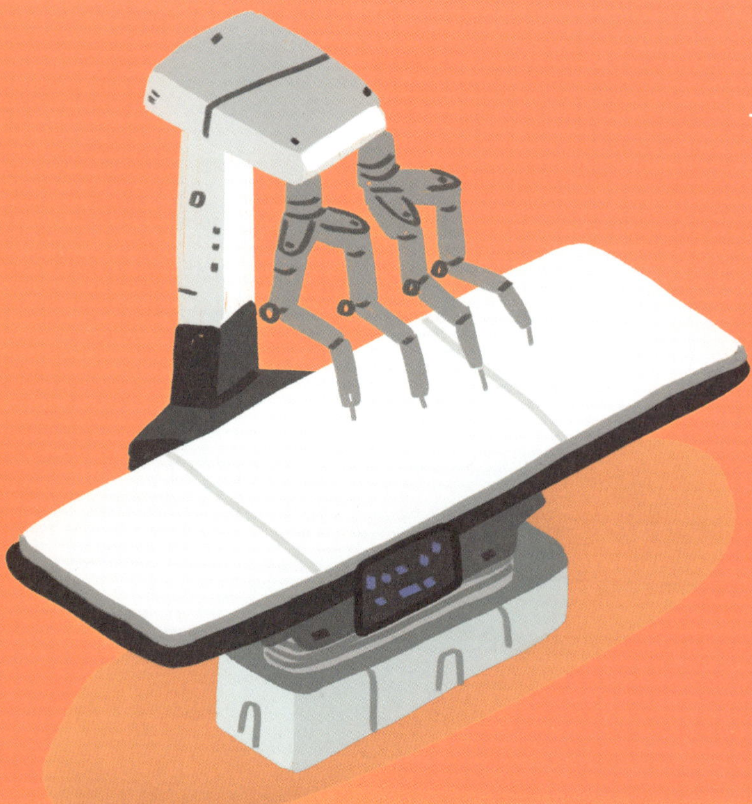

수술 로봇

수술 로봇은 의공학 분야의 최첨단 기술로 탄생했어요. 수술 로봇은 섬세한 동작으로 외과 의사를 도울 수 있어요. 이 로봇은 수술 도구와 카메라를 달 수 있는 여러 개의 로봇 팔을 가지고 있으며, 아주 정확하게 로봇 팔을 움직일 수 있어요. 외과 의사는 수술 로봇과 멀리 떨어진 곳에서도 수술 로봇을 조종할 수 있어요. 심지어 다른 수술실이나 다른 병원에서도 수술 로봇을 조종할 수 있답니다.

소프트웨어공학

스마트폰, 태블릿, 컴퓨터, 로봇, 세탁기, 식기세척기를 포함한
많은 전자 기기는 소프트웨어라고 하는 컴퓨터 프로그램에 따라 작동해요.
이러한 프로그램을 설계하는 것을 소프트웨어공학이라고 해요.

프로그래밍

소프트웨어공학자는 전자 기기나 장치에 들어가는 프로그램이 정확히 무엇을 해야 하는지 파악한 뒤에 소프트웨어를 설계해요. 복잡한 기기의 경우 소프트웨어를 기능별로 나눌 수 있어요. 그다음에 컴퓨터 프로그래머가 실제 프로그램을 만들어요. 소프트웨어공학자는 소프트웨어를 시험해서 제대로 작동하는지 확인하고, 필요한 경우 부족한 부분을 고쳐서 더 좋게 만들어요.

인공지능

소프트웨어공학자가 만든 영리한 프로그램을 통해 마치 사람처럼 생각하는 듯한 전자 기기를 만들 수 있어요. 이를 인공지능(AI)이라고 해요. 전자 비서처럼 인공지능을 가진 기기는 사람의 음성을 인식하고 여러분과 대화를 나눌 수 있어요.

인공지능과 게임

인공지능은 컴퓨터 게임에서 매우 중요해요. 많은 게임에서 소프트웨어는 인공지능을 사용하여 컴퓨터가 조종하는 게임 상대를 지능적으로 플레이하게 만들어요. 그래서 컴퓨터를 상대로 게임을 하면 이기기가 어려워요. 체스는 소프트웨어공학자가 컴퓨터가 게임을 하도록 프로그래밍한 최초의 게임 중 하나예요. 체스를 두는 프로그램은 이제 체스 세계 챔피언을 이길 정도로 영리하답니다.

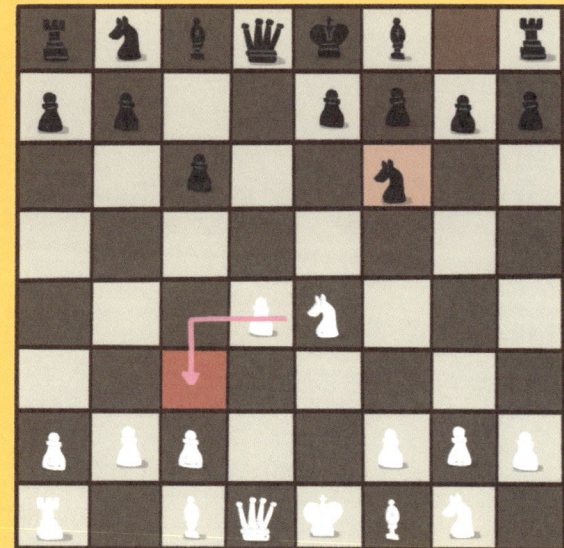

그냥 궁금해요

체스 세계 챔피언을 이긴 최초의 체스 게임용 컴퓨터는 딥 블루예요. 딥 블루는 1997년에 체스 세계 챔피언인 가리 카스파로프를 이겼답니다.

도로 위의 인공지능

인공지능은 자율 주행 자동차에서도 중요한 역할을 해요. 자율 주행 자동차를 제어하는 소프트웨어는 매우 복잡해요. 자동차에 장착된 여러 센서로부터 데이터를 받아서 핸들을 얼마나 돌려야 할지, 속도를 얼마나 내야 할지 또는 줄여야 할지 결정해야 해요. 도로 위의 다른 차량과 보행자를 인식하고 피해야 하지요. 또 목적지까지 길을 찾아야 한답니다.

6장
화학 공학

화학공학자는 세제, 비료, 연료가 생산되는 화학 공장을 설계하고 만들고 운영해요.
화학공학자는 공학자이자 전문 화학자예요.

이 장에서는 화학 공장이 어떻게 작동하는지 알아볼 거예요.
그리고 식품공학, 농업공학, 생화학공학 같은
화학과 연관된 몇 가지 공학 분야를 살펴볼 거예요.

 # 화학 공장

소금 같은 일부 화학 물질은 우리가 직접 채취해서 사용할 수 있지만, 대부분의 화학 물질은 화학 공장에서 만들어져요. 화학 공장에서는 원료를 가지고 우리에게 필요한 화학 물질을 만들어 내요. 화학 공장의 설계와 운영을 다루는 분야를 공정 공학이라고 해요.

화학 제품

화학 공장에서는 수천 가지의 다양한 화학 물질을 만들어요. 이런 화학 제품에는 세제나 화학조미료처럼 집에서 쓰이는 화학 물질, 비료처럼 농부들이 쓰는 화학 물질, 시멘트와 페인트처럼 공사장에서 쓰이는 화학 물질, 산소처럼 병원에서 쓰이는 화학 물질이 있어요.

화학 공장 설계

새로운 화학 공장을 설계하는 첫 번째 단계는 실험실에서 화학 공정이 제대로 이루어지는지 확인해 보는 거예요. 화학 공정에는 화학 물질을 가열하고 냉각하기, 화학 물질을 혼합하기, 화학 물질끼리 반응시키기, 화학 물질을 분리하기 등 여러 과정이 포함될 수 있어요. 그런 다음 화학공학자는 필요한 여러 가지 용기와 용기 사이의 연결, 펌프와 밸브 같은 장치를 보여 주는 '공정 흐름도'를 그려요. 용기에는 고체, 액체 또는 기체가 담길 수 있으며 때로는 엄청나게 높은 온도와 압력에 노출되기도 해요.

🏭 시험 공장

설계하고 난 다음에는 화학 공장을 시험적으로 만들어 보는 소규모 시험 공장을 지어요. 이를 파일럿 플랜트(pilot plant)라고 불러요. 화학공학자는 시험 공장을 운영하여 모든 것이 계획대로 작동하는지 확인해요. 그런 다음 문제가 없으면 실제 규모의 화학 공장을 설계해요. 화학공학자는 3D 컴퓨터 소프트웨어를 사용해서 모든 용기와 파이프가 서로 어떻게 연결되는지 시각화해요. 마지막으로 실제 규모의 화학 공장 공사를 시작해요. 이 과정에는 화학공학자뿐만 아니라 전기, 기계, 토목공학자가 참여해요.

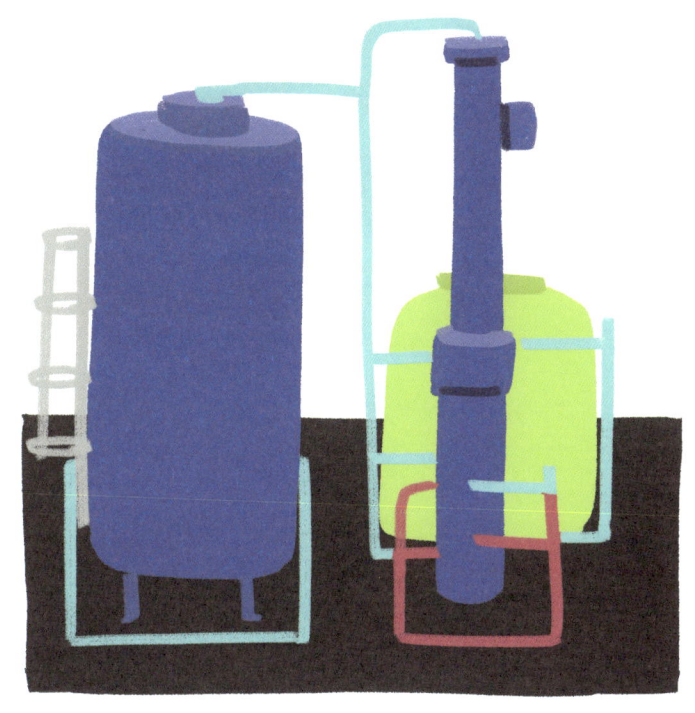

🏭 화학 물질 보관 설비

화학 공장에는 공장에서 쓸 원재료와 공장에서 만든 화학 물질을 보관하기 위한 보관 설비가 있어요. 이런 보관 설비는 화학 공장을 계속 운영하기에 충분한 양의 화학 물질을 보관할 수 있을 정도로 충분히 커요. 석유를 여러 물질로 분류하는 정유 공장에는 탱크 터미널에 대형 보관 설비가 있어요. 어떤 화학 물질은 튼튼한 공 모양의 용기에 높은 압력을 가해 보관하기도 해요.

 # 화학 공장 운영

새로운 화학 공장을 만들고 시험을 마치고 나면,
화학 공장에서 화학 물질을 생산하기 시작해요. 엔지니어 팀이 공장을 운영하면서
공장이 안전하고 효율적으로 작동하는지 확인해요. 또 공장을 유지하고 보수해요.

공정 제어

엔지니어는 제어실에서 화학 공장이 어떻게 돌아가고 있는지 지켜봐요. 공장 곳곳에 있는 여러 센서는 화학 물질의 온도, 용기에 있는 화학 물질의 압력과 양, 파이프를 통해 흐르는 액체와 기체의 속도 등을 측정해요. 이 측정 데이터는 제어실로 전송되어 화면에 표시돼요. 엔지니어는 제어실에서 펌프와 밸브를 조절할 수 있어요. 이를 공정 제어라고 해요. 엔지니어는 제어실에 있는 컴퓨터 모니터로 공장 도면을 볼 수 있고, CCTV 화면을 통해 공장 주변에서 일어나는 일을 볼 수 있어요.

🏭 화학 공장의 안전

화학 공장에서 만들고 보관하는 화학 물질은 대부분 위험해요. 불이 잘 붙거나 독성이 있을 수 있지요. 공장에서 일하는 사람들과 공장 근처에 사는 사람들을 보호하기 위해 화학 공장을 안전하게 운영해야 해요. 엔지니어는 밸브가 막혔거나, 용기나 파이프가 녹슬지는 않았는지 확인해요. 화학 공장에서 사고는 매우 드물게 일어나지만, 한번 일어나면 화재나 폭발로 이어지거나 위험한 화학 물질이 새어 나올 수 있어요. 화학 공장에는 항상 비상시 대응 계획이 마련되어 있어요.

🏭 화학 물질 운반

원재료인 화학 물질은 공장으로 가져와야 하고, 만들어진 화학 제품과 폐기물은 공장에서 나가야 해요. 화학 물질은 유조차나 탱크차(화물 열차), 유조선에 실어서 운반하거나 파이프라인을 통해 운반해요. 많은 양의 화학 물질은 큰 탱크에 담아서 운반하고, 적은 양은 드럼통이나 병에 담아서 운반해요. 부탄가스 같은 기체는 압력 탱크에 담아서 운반해요. 압력 탱크의 압력이 기체를 액체로 만들어 주기 때문에 많은 양의 기체를 작은 부피로 만들어서 운반할 수 있어요.

석유와 가스 산업

석유와 가스 산업에서는 화학공학자와 기계공학자, 토목공학자, 석유공학자가 함께 일해요. 이들은 지하(또는 바다의 밑바닥)에서 석유와 천연가스를 추출하여 정유소로 운반하고, 석유와 천연가스에서 쓸모 있는 성분을 뽑아내는 작업을 함께해요. 이는 대규모 공학 작업이에요.

구멍 파기

석유와 천연가스는 지구 지각의 암석에서 발견돼요. 엔지니어(시추 엔지니어와 생산 엔지니어)들은 굴착 장치를 이용해서 암석에 구멍을 뚫어 먼저 석유와 천연가스를 찾은 다음 땅 위로 뽑아내요. 이들은 지질학자 및 다른 과학자들과 함께 일해요. 많은 엔지니어가 해양 석유 플랫폼에서 작업한답니다.

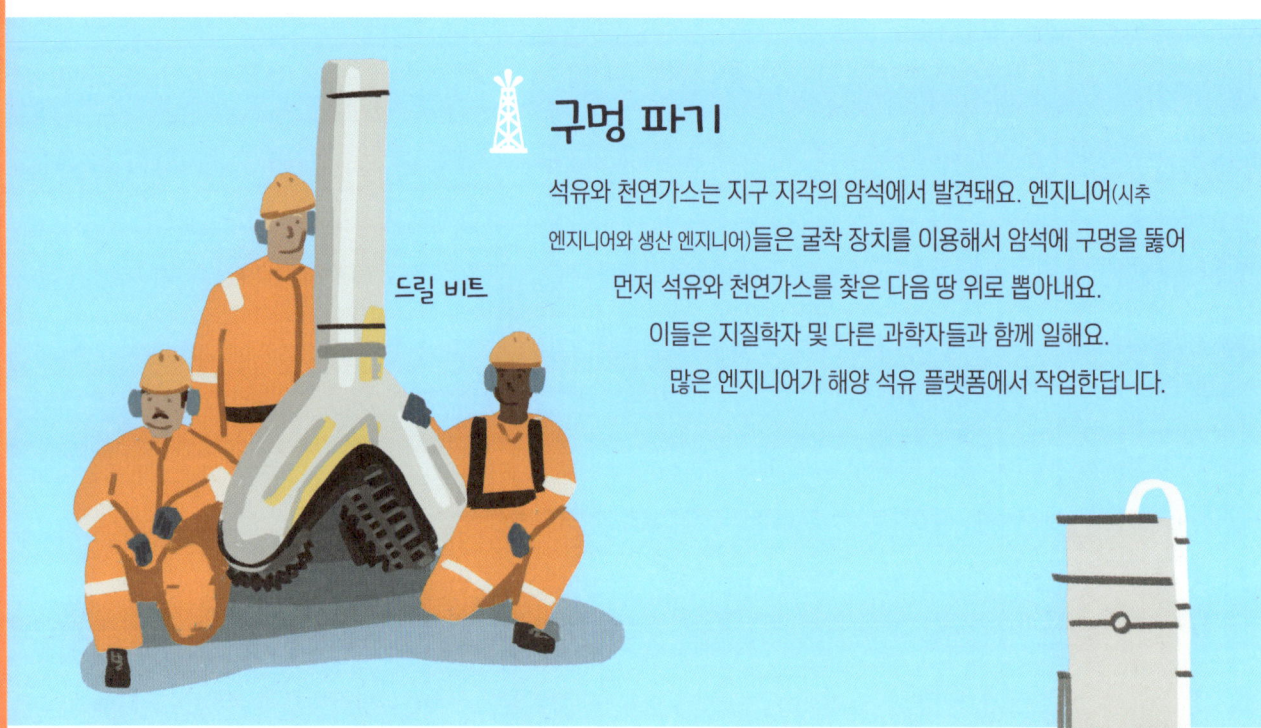

드릴 비트

정제 및 가공

암석에서 뽑아낸 그대로의 석유를 원유라고 해요. 원유는 여러 종류의 **탄화수소**가 섞여 있는 혼합물이에요. 원유 안에는 뷰테인, 휘발유, 디젤유, 등유, 중유, 아스팔트(역청) 등이 섞여 있어요. 원유는 정유 공장에 있는 거대한 화학 설비인 증류탑에 넣어서 이러한 여러 가지 물질로 분리해요. 이 과정을 **증류**라고 하는데, 증류 과정에서 원유를 뜨겁게 데우면 원유 안의 여러 가지 물질이 가스로 변해서 증류탑을 타고 서로 다른 높이까지 올라가 냉각되어 따로 모이게 돼요. 뷰테인 같은 가스는 증류탑의 꼭대기에서 얻을 수 있고, 아스팔트 같은 끈적끈적한 물질은 아래쪽에 모여요. 이렇게 분리한 물질들은 사용을 위해 다른 곳으로 운반하기 전까지 보관돼요. 천연가스도 연료로 쓸 수 있도록 순수하게 만드는 가공 과정을 거쳐요.

파이프라인

많은 양의 석유와 천연가스는 파이프라인을 통해 운반해요. 이러한 파이프라인을 배치하는 것은 중요한 공학 작업이에요. 석유 제품을 운송하기 위해 유조선이 정박하는 항구에서 파이프라인을 통해 원유를 운반해요. 파이프라인은 또한 바다에 있는 석유 및 천연가스 플랫폼에서 해안으로 석유와 가스를 운반하고, 마을과 도시 간에 천연가스를 전달해요. 파이프라인은 대부분 땅속에 묻혀 있고, 강철로 만든 관으로 연결되어 있어요. 펌프와 밸브로 파이프라인을 따라 흐르는 석유와 천연가스의 흐름을 조절해요.

❓ 그냥 궁금해요

알래스카 횡단 파이프라인은 알래스카 북부 해안에서 1,219킬로미터 떨어져 있는 남부 해안까지 석유를 운반해요. 엔지니어들은 지진이 일어나도 파이프라인이 부서지지 않도록 파이프라인을 구불구불하게 만들었어요.

재료공학

재료공학자는 새로운 금속 합금이나 새로운 복합재료 등
다른 공학자들이 사용할 수 있는 새로운 재료를 개발하고, 시험하고, 제조해요.
또 기존 재료들의 특성을 더 좋게 만들 방법을 연구한답니다.

재료의 성질

재료공학자는 기계적, 전기적, 열적, 화학적 성질이 각기 다른 다양한 재료를 선택할 수 있어요. 음료수 캔은 알루미늄으로 만들어지는데, 알루미늄은 매우 얇게 만들 수 있기 때문이에요. 음료수 캔 뚜껑의 고리를 잡아당기면 뚜껑이 캔 입구 주변의 알루미늄이 더 얇아지도록 눌러 주어 선을 따라 갈라지면서 쉽게 딸 수 있어요.

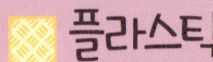 플라스틱

금속이나 나무 같은 전통적인 재료 대신에 플라스틱과 복합재료가 더 많이 쓰이고 있어요. 플라스틱에는 **열가소성 플라스틱**과 **열경화성 플라스틱** 두 종류가 있어요. 열가소성 플라스틱은 열을 가하면 녹아요. 열가소성 플라스틱 알갱이들을 녹여서 틀에 넣으면 틀 모양대로 제품을 만들 수 있어요. 열경화성 플라스틱은 묽은 플라스틱 수지에 경화제(첨가하면 단단하게 굳어지게 만드는 화학 물질)를 섞어서 만들어요. 재료공학자는 더 가볍고 튼튼한 플라스틱을 만들려고 노력해요. 그러면 자동차와 비행기를 더 가볍게 만들 수 있어서 연료를 절약할 수 있으니까요.

현미경을 통해

재료공학자는 재료의 화학적, 물리적 구조를 알아내기 위해 재료를 연구해요. 연구할 금속이나 합금을 얇은 조각으로 잘라서 조각의 표면을 매끈매끈하게 갈고 닦은 뒤 현미경으로 관찰해요. 그러면 금속이나 **합금**을 이루고 있는 결정 하나하나가 보여요. 이 결정의 모양과 크기는 그 재료의 강도(단단하고 센 정도)에 영향을 줄 수 있어요. 금속 재료를 만드는 방법이나 모양을 바꾸면, 그 금속 결정의 모양이나 크기가 달라져 금속의 강도가 높아질 수 있어요. 제트 엔진처럼 엄청난 힘을 받는 장치에는 강도가 높은 재료를 쓰는 것이 중요해요.

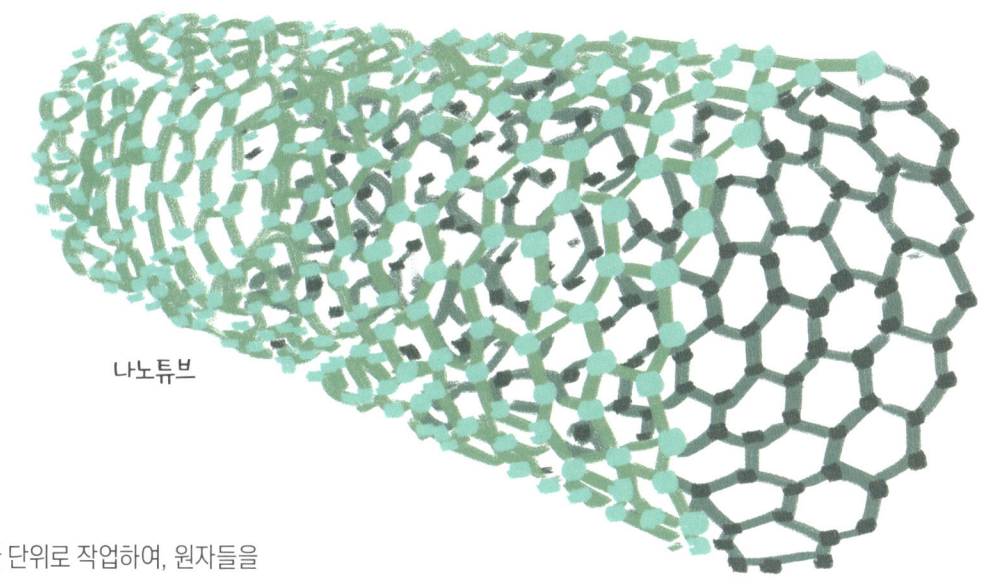

나노튜브

나노공학

재료공학자는 때때로 원자 단위로 작업하여, 원자들을 3차원 모양으로 배치해서 새로운 재료를 만들어요. 이것을 나노공학이라고 해요. 나노공학은 사람 머리카락 굵기의 1,000분의 1도 안 되는 아주 작은 크기의 나노튜브(예: **탄소나노튜브**)나 나노섬유, 나노막대, 나노판 등을 만드는 데 사용돼요. 이러한 나노 재료는 직물과 복합재료의 강도를 높이고, 액체를 거르고, 독소를 제거하는 등 다양한 용도로 쓰여요.

식품공학

우리가 먹는 식품을 생산하는 데 공학 기술을 적용하는 것을 식품공학이라고 해요. 식품공학에는 먹거리를 얻을 수 있는 새로운 품종의 식물을 개발하고, 식물을 가공해서 식재료를 만들고, 식품을 저장하고, 공장에서 식품을 생산하는 일 등이 포함돼요.

유전공학

우리가 먹는 많은 작물은 빨리 자라거나 질병을 이겨낼 수 있도록 만들어졌어요. 동물과 마찬가지로 모든 식물에는 성장 방식을 결정하는 DNA라는 매우 복잡한 화학 물질이 들어 있어요. 모든 식물은 각기 다른 DNA를 가지고 있으며, 이는 식물을 독특하게 만들어요. 유전공학에서는 한 식물이 가진 DNA의 일부분을 다른 식물의 DNA에 붙여요. 이렇게 하면 새로 DNA를 받은 식물은 원래 그 DNA를 가지고 있던 식물의 특성 중 일부를 가질 수 있어요. 유전공학자는 화학 물질을 사용해서 DNA를 자르고 결합해요. 이는 아주아주 작은 규모의 공학 작업이에요.

식품 생산

식품공학자는 우리가 가게에서 살 수 있는 식품이 생산되고 포장되는 생산 라인을 설계하고 구축해요. 생산 라인에는 음식 재료를 섞거나, 굽거나, 자르거나, 캔에 담거나, 병에 담거나, 포장하는 등의 특정 작업을 수행하는 여러 구역이 있으며, 각 구역에는 혼합기, 컨베이어(물건을 이동시키는 띠 모양의 운반 장치), 디스펜서(정해진 양만큼 나오게 하는 기계), 오븐 같은 전용 기계가 있어요. 전자 시스템으로 전체 작업을 감독하고 제어해요.

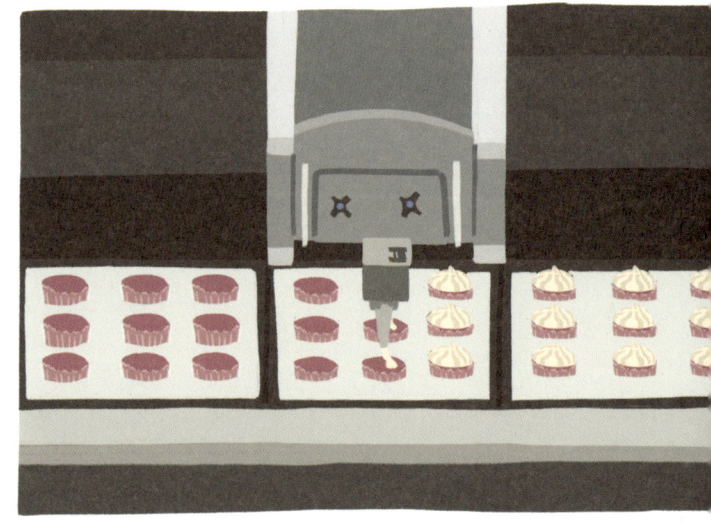

연속 생산 라인

쿠키 같은 몇몇 식품은 하루 24시간 동안 연속으로 가동되는 생산 라인에서 생산돼요. 라인의 시작 부분에서 재료를 섞은 다음, 정해진 양의 쿠키 반죽을 넓은 컨베이어 벨트 위에 하나씩 떨어뜨려요. 이 컨베이어 벨트는 쿠키 하나하나가 오븐 안에서 충분한 시간 동안 완벽하게 구워지도록 긴 오븐을 따라 천천히 이동해요.

식품 포장

식품을 포장하면 식품을 더 쉽게 운반하고 보관할 수 있으며 신선한 상태를 유지하는 데 도움이 돼요. 식품 제조업체는 골판지, 종이, 다양한 플라스틱, 금속 호일, 또는 이 재료들을 합쳐서 만든 다양한 재료로 식품을 포장해요. 일회용 컵은 보통 플라스틱과 골판지로 만들어지는데, 플라스틱은 음료가 새지 않게 하고 골판지는 음료를 따뜻하게 유지해 주는 **단열재** 역할을 해요. 식품공학자가 마주한 한 가지 과제는 100% 재활용할 수 있는 포장재를 만드는 일이에요.

생화학공학

생화학은 생물 안에서 일어나는 화학반응을 연구하는 과학이에요. 생화학공학은 화학, 생물학, 공학을 모두 다루는 분야예요. 생화학공학자는 식물과 동물의 세포 안에서 일어나는 생물학적 과정을 이용해서 의약품이나 세제에 사용되는 화학 물질을 만들어요.

신약 개발

감염을 일으키는 병균과 싸우는 항생제나 질병에 걸리지 않도록 막아 주는 백신 같은 의약품에 들어가는 화학 물질은 생화학공학을 통해 만들어져요. 생화학공학자는 식물, 동물, 박테리아, 조류의 세포가 작동하는 방식을 바꿔서 세포들이 우리에게 필요한 화학 물질을 만들어 내도록 해요. 새로운 약을 개발하려면 매우 긴 과정을 거쳐야 해요. 하지만 이 과정도 다른 공학 분야의 설계 과정과 비슷해요. 새로 만든 약은 사람들이 사용할 수 있도록 허가되기 전에 반드시 임상시험을 통해서 효과와 안전성을 철저하게 시험해야 해요.

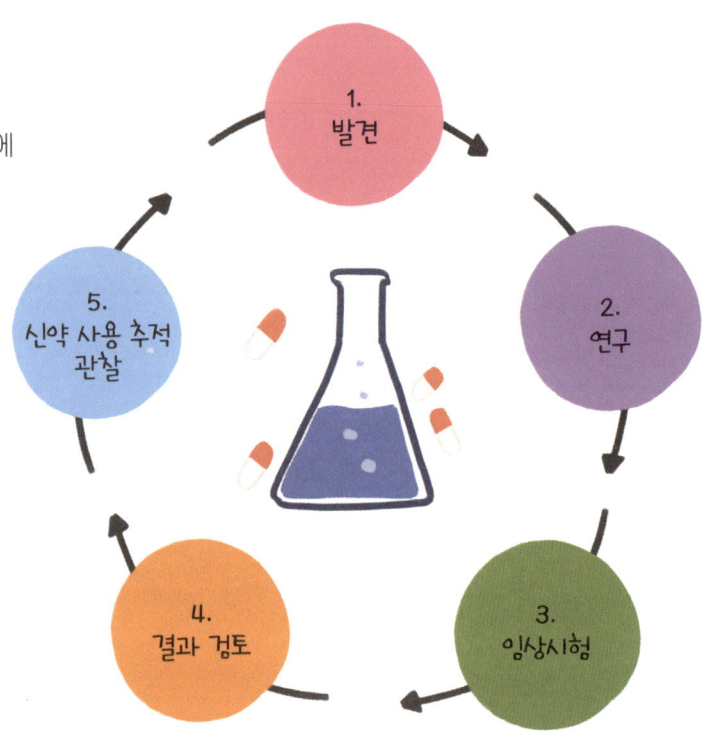

1. 발견
2. 연구
3. 임상시험
4. 결과 검토
5. 신약 사용 추적 관찰

바이오 연료

지구 온난화를 막으려면 화석 연료(석유, 가스, 석탄) 사용을 줄여야 해요. 해조류 바이오 연료는 생화학공학자들이 개발 중인 화석 연료의 대안 중 하나예요. 해조류 바이오 연료는 해조류(바다에서 자라는 식물인 해초와 연못에서 자라는 녹색 식물)로 만들어지는 연료예요. 생화학공학자들은 실험실에서 해조류를 원재료로 삼아 연료를 생산해 내는 데 성공했지만, 이를 대량으로 생산하기 위해서는 아직도 더 많은 연구가 필요해요.

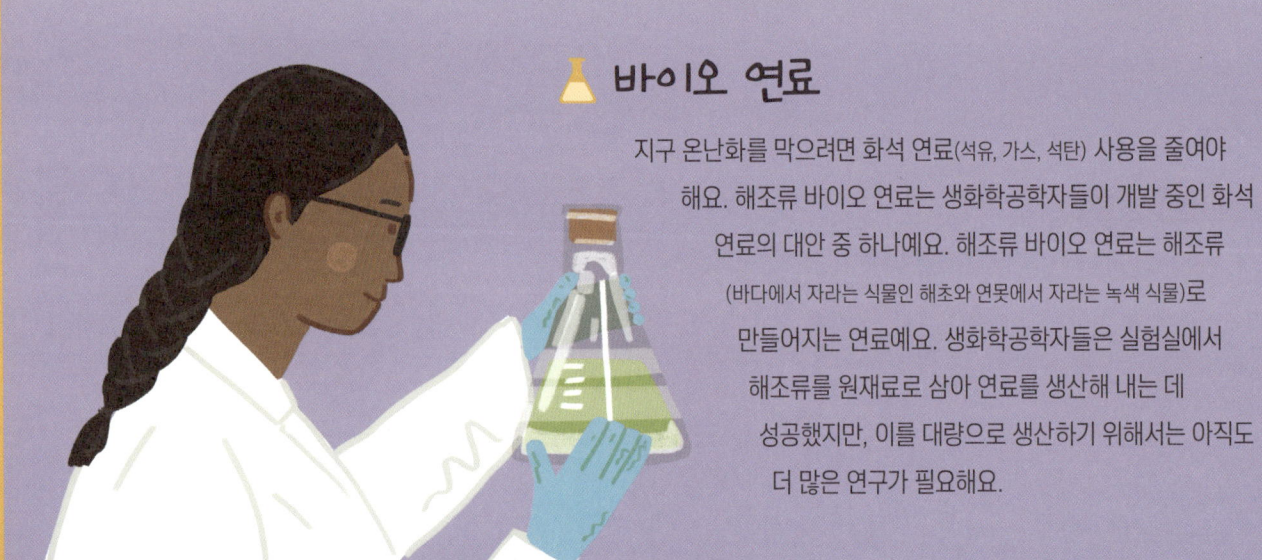

🧪 바이오 응급처치

생화학공학자는 **하이드로젤**이라는 물질을 개발했어요. 하이드로젤은 작은 분자들이 아주 많이 모여서 긴 사슬 모양을 이루고 있는 **고분자 물질**로 만들어져요. 하이드로젤에는 많은 양의 수분을 담을 수 있어요. 생화학공학을 통해 천연 고분자 물질(예: 콜라겐이라는 화학 물질)로 만든 하이드로젤은 화상이나 상처 치료용 밴드에 사용돼요. 사람의 장기를 대신할 인공 장기를 개발하는 학문인 조직공학에서도 이와 비슷한 기술이 사용되고 있어요.

🧪 식품 생산

생화학공학은 식품 산업에서 식품을 가공하는 데 널리 사용돼요. 간단한 빵 한 덩어리도 생화학을 이용해 만들어요. 빵은 대부분 곰팡이의 한 종류인 효모(이스트)를 써서 부풀어 오르게 해요. 효모는 설탕을 먹고 빵 속에서 이산화탄소를 만들어 빵을 부풀려요. 생화학공학자는 효모가 더 빨리 이산화탄소를 만들도록 개량했어요. 또 빵이 더 오랫동안 상하지 않게 하는 방부제도 개발했어요.

 # 농장에서

농업공학은 농사에 공학을 이용하는 거예요. 화학공학은 농부에게 꼭 필요해요.
화학 공장에서는 화학공학을 이용해서 비료, 농약, 사료를 만들어요.
생화학공학자는 더 많은 먹거리를 얻을 수 있는 새로운 작물을 개발하고,
기계공학자는 농기계를 설계하고 만들어요.

비료

비료는 화학 공장에서 생산되는 주요 제품 중 하나예요. 비료에는 식물이 자라는 데 필요한 질소, 인산, 포타슘(칼륨) 같은 미네랄이 포함되어 있어요. 흙에 비료를 뿌리면 식물이 더 빨리 자라요. 비료는 여러 단계를 거쳐서 만들어져요. 가장 흔한 비료인 질산암모늄을 만들려면, 먼저 공기에서 질소를 뽑아내서 수소와 반응시켜 암모니아를 만들어요. 이 암모니아는 질산을 만드는 데 사용되고, 질산은 다시 질산암모늄을 만드는 데 사용돼요.

논밭에 화학 물질 뿌리기

농부들은 제초제와 살충제를 사용해요. 이 두 가지 농약 모두 화학 공장에서 만들어져요. 농약은 농작물을 먹거나 병에 걸리게 해서 농작물에 피해를 주는 벌레나 잡초 등을 죽이지만, 농작물 자체에는 해를 끼치지 않아요. 제초제는 농작물 사이에서 자라면서 농작물로 가야 하는 귀중한 영양분을 빼앗는 잡초를 없애는 농약이에요. 살충제는 농작물에 해가 되는 벌레를 죽이는 농약이에요. 다른 동물, 박테리아 또는 곰팡이를 없애는 농약도 있어요.

 ## 농업용 기계

기계공학자는 논밭을 갈고, 흙에 비료를 주고, 씨를 뿌리고, 농작물에 물을 주고, 수확한 다음 농작물을 나르는 농기계를 설계하고 만들어요. 엔지니어들은 GPS와 다른 센서들을 이용해 이러한 작업 중 일부를 자동으로 해내는 로봇 기계를 만들고 있어요. 제초 로봇은 농작물을 다치지 않게 하면서도 잡초를 매우 정확하게 제거해요.

 ## 산림공학

기계공학자는 산림공학에서 쓰이는 기계도 설계해요. 산림업에서 사용하는 기계에는 나무를 심을 토양을 준비하는 기계, 묘목을 심는 기계, 어린나무를 보호하기 위해 농약을 뿌리는 기계, 나무를 베고 껍질을 벗기는 것까지 모두 한 번에 할 수 있는 나무 수확용 특수 기계 등이 있어요.

우리를 둘러싼 세상

환경공학은 공학 기술을 이용해서 환경을 보호하고 더 좋게 만들어요.
환경공학자는 깨끗한 물을 공급하고, 환경 오염을 줄이고, 폐기물을 처리하고, 재료를 재활용하도록 도와줘요.
환경공학 분야는 우리가 지구를 건강하게 지키고 환경 문제를 해결하려고 열심히 노력하고 있는 만큼
점점 더 중요해지고 있어요.

물 지킴이

수질 오염은 강, 호수, 바다, 그리고 지하수(땅속의 흙과 모래, 암석 등의 빈틈을 채우고 있는 물) 모두에서 일어나는 문제예요. 농장에서의 비료나 농약 사용, 생활 폐수와 분뇨, 화학 물질 유출 등으로 인해 수질 오염이 발생해요. 수질 오염은 물속에 사는 동물과 식물만의 문제가 아니라, 그 물을 마시거나 그 물로 씻어야 하는 우리 인간에게도 영향을 미쳐요. 환경공학자는 어느 곳에 있는 물을 조금 떠 가서 그 물이 얼마나 깨끗한지 시험해요. 수질 검사 결과를 통해 수질 오염을 막으려는 노력이 제대로 이루어지고 있는지 알 수 있어요.

강수(비나 눈)

폐기물이 담긴 드럼통

폐기물 관리

화학 산업을 비롯해 일부 산업에서는 물이나 대기 중으로 흘러 들어가면 지구에 해를 끼칠 수 있는 해로운 폐기물이 배출돼요. 환경공학자는 이 위험한 폐기물을 매립지에 묻는 일을 담당해요. 매립지 바닥에 두꺼운 판을 깔아서 해로운 화학 물질이 새어 나오지 못하게 하고, 매립지 주변의 지하수를 정기적으로 검사해서 오염되었는지 확인해요. 가정에서 나오는 생활 폐기물도 비슷한 매립지에 묻어요. 전문 환경공학자는 원자력 산업에서 일하면서 수천 년 동안 계속 해로운 물질이 나오는 핵폐기물을 관리해요.

💧 하수 처리

환경공학자는 마을과 도시에서 나오는 하수를 관리해요. 하수는 거리의 하수구로 흘러든 빗물이나 집, 공장, 병원 등에서 쓰고 버리는 더러운 물이에요. 하수도라고 부르는 파이프로 연결된 하수 시스템은 하수를 하수처리장으로 보내요. 하수처리장에서는 여러 과정을 거쳐 하수를 깨끗하게 정화한 다음 강이나 바다로 내보내요.

💧 환경 재앙에 대처하기

바다에서 기름 유출 사고 같은 환경 재앙이 일어나면, 환경공학자는 그에 대처해요. 환경공학자는 사고가 일어난 장소, 어떤 화학 물질이 흘러나왔는지, 어떤 동식물이 영향을 받을지, 날씨에는 어떤 영향을 줄지 주의 깊게 살펴봐요. 그런 다음 주변 환경이 최대한 빨리 복구될 수 있도록 최선의 정리 방법을 결정해요.

공학의 미래

공학은 앞으로도 우리 인간과 지구를 위해 꼭 필요할 거예요.
공학자는 통신과 의학 등의 분야를 계속 발전시켜 나갈 거예요.
또한 공학자는 물 부족 문제와 탄소 중립이 되도록 돕는 문제 등등
우리 앞에 놓인 과제에 대한 해결책을 찾아 나가야 해요.

기후 위기와 마주하기

지구 온난화는 우리 지구 곳곳에 변화를 일으키고 있어요. 우리가 지구 온난화를 멈추기 전까지는 상황이 점점 더 나빠질 거예요. 해수면이 서서히 상승하고 있고, 가뭄이나 홍수 같은 심각한 기상 현상이 점점 더 자주 발생하고 있어요. 공학자는 해안가와 강가 지역을 홍수로부터 보호하고, 모두에게 깨끗한 물을 충분히 공급하며, 농부들이 가뭄에 잘 견디는 작물을 재배할 수 있도록 도울 거예요.

친환경 재료

공학자는 버려지는 재료를 줄여서 우리가 좀 더 친환경적인 삶을 살 수 있게 도와야 해요. 이미 시도하고 있는 한 가지 예는 고층 건물에 나무 프레임을 사용하는 거예요. 나무는 인공적으로 만드는 것이 아니라 자연적으로 자라고, 다 쓰고 나면 썩어 없어지기 때문에 친환경 재료예요. 나무는 가볍고 튼튼할 뿐만 아니라 건물을 만드는 데 강철이나 콘크리트보다 에너지가 훨씬 적게 필요하므로 더 친환경적인 재료예요.

공학을 위한 재활용

친환경적인 삶을 산다는 것은 물건을 덜 버린다는 의미이기도 해요. 공학자는 우리가 더 많은 재료를 재활용하고, 재활용하기 쉬운 재료로 물건을 만들고, 쓴 물건을 다시 사용할 수 있는 방법을 찾을 수 있게 돕고 있어요. 토목공학자는 오래된 화물 컨테이너로 집을 만들어요. 그렇게 하면 새로운 건축 재료와 폐기물, 오래된 컨테이너를 재활용하는 데 필요한 에너지를 줄일 수 있어요.

우주에서의 공학

인류가 화성에 발을 내딛기까지는 오랜 시간이 걸릴지도 모르지만, 그런 날이 오면 공학자는 화성에 가 있을 거예요. 여러 해 동안 공학자들은 분리해서 화성으로 가지고 간 다음에 화성에 도착하면 조립할 수 있는 다양한 형태의 대피소를 발명했어요. 나사(NASA, 미국항공우주국)의 엔지니어들이 생각해 낸 최신 아이디어 중 하나는 거대한 3D 프린터를 이용해 화성에 있는 흙으로 벌집 모양의 대피소를 만드는 거예요.

용어 풀이

가물막이: 물속에 다리의 기초를 건설하는 동안 임시로 쓰는 원형 댐. 가물막이 안의 물은 펌프로 퍼내요.

고분자 물질: 많은 분자(원자 그룹)가 서로 결합되어 있는 물질

공기압: 파이프를 통해 압축한 공기를 보내서 기계의 부품을 움직이는 것

광 발전기: 빛을 전기로 바꾸는 장비

구동기: 전기 모터처럼 기계의 부품을 움직이는 장치

구조 분석: 구조물의 어느 부분에 가해지는 힘을 계산하는 것

그로마: 로마의 엔지니어들이 새로운 도로를 건설할 때 사용한 측량기

도체: 전기가 쉽게 흐를 수 있게 하는 물질

등각 투영도: 입체인 물체를 평면상에 표현하는 한 방법

반도체: 전기를 통하게도 하고 통하지 않게도 하는 물질

발전기: 움직임을 전기로 바꾸는 장비

밸브: 액체나 기체의 흐름을 조절하는 장치

버력: 터널을 파거나 건물의 기초를 지을 때 땅에서 파낸 버리는 돌

버팀대: 구조물이나 기계가 모양을 유지할 수 있게 잡아 주는 부분

부식: 금속이 화학 물질에 의해 삭아버리거나 약해지는 것. 철이 녹스는 것도 부식의 한 종류예요.

비트: 재료를 자르거나 깎는 밀링 머신 또는 드릴의 일부

생체공학적 팔다리: 모터로 움직이는 의족이나 의수 같은 인공 팔다리

서보모터: 기계의 부품을 움직이게 하는 톱니가 달린 전기 모터

선반: 돌아가는 막대기를 이용해 어떤 모양을 만드는 공작 기계

수막현상: 물이 고인 노면 위를 고속으로 달릴 때 타이어와 노면 사이에 물의 막이 생겨 타이어가 미끄러지며 이동하는 현상

시제품: 구조물이나 기계 등이 계획대로 작동하는지 확인하기 위해 시험 삼아 만들어 본 모형

실리콘: 마이크로칩을 만드는 재료 중 하나

쐐기: 나무나 쇠의 한쪽 끝은 얇게, 다른 쪽 끝은 두껍게 해서 비스듬하게 만든 물건

압축력: 물체를 누르는 힘

연성: 금속이 얇은 선으로 늘어날 수 있는 성질

열가소성 플라스틱: 열을 가하면 부드러워지고 식으면 단단해지는 플라스틱

열경화성 플라스틱: 열을 가해도 부드러워지지 않는 플라스틱

열전퇴: 온도를 감지하는 센서

유압: 파이프를 통해 압력을 가한 액체를 보내서 기계의 부품을 작동시키는 것

의수/의족: 인공적으로 만든 손과 팔/발과 다리

인장 강도: 재료가 잡아당기는 힘에 부러지기 전까지 견딜 수 있는 최대한의 힘

인장력: 재료를 당겨 늘리는 힘

저항기: 전기의 흐름을 느리게 하는 전자 부품

적외선: 눈에 보이지는 않지만 열을 전달하는 빛의 한 종류

적층 재료: 서로 다른 재료들을 두 개 이상의 층으로 겹겹이 쌓아서 붙여 만든 재료

전기전자회로: 전자 부품이나 전기 부품들을 연결해 전기가 흐를 수 있게 만든 통로

전성: 금속을 망치로 두드리거나 눌러도 깨지지 않고 얇게 펴지는 성질

전자기파: 빛, 열, 전파 등 에너지를 담고 뻗어져 나가는 파동

절연체(부도체): 전기나 열이 잘 통하지 않게 하는 물질

증류: 여러 액체가 섞인 혼합물에서 서로 다른 끓는점을 이용하여 각각의 액체를 분리하는 방법

지오데식 돔: 막대기를 삼각형 및 기타 규칙적인 모양으로 연결하여 뼈대를 만든 돔

차축: 보통 끝부분에 바퀴가 달려 있어 회전할 수 있는 막대기

추력: 미는 힘

축전기: 전기를 띤 입자인 전하를 저장하는 전자 부품

탄성: 물질을 늘리거나 찌그러트리거나 구부려도 다시 원래 모양으로 돌아오는 성질

탄소나노튜브: 나노 크기의 탄소 원자로 이루어진 아주 얇은 관 모양 물질

탄화수소: 수소와 탄소 원소로 이루어진 화학 물질

트랜지스터: 회로를 흐르는 전기를 켰다 껐다 할 수 있는 전자 부품

트러스: 삼각형으로 이루어진 구조물에 사용되는 뼈대 구조

평면: 평평한 표면

포토레지스트: 마이크로칩을 만드는 데 쓰는 재료 중 하나

포토리소그래피: 사진을 찍는 것처럼 판 위에 인쇄하는 방법

하이드로젤: 스펀지처럼 수분을 머금고 있는 투명하고 끈적끈적한 물질

합금: 금속을 다른 재료(보통은 다른 금속)와 혼합하여 만든 재료

합성 재료: 자연에서 구한 것이 아닌 재료

찾아보기

  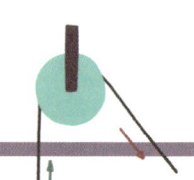

3D 프린팅 45

강철 50-51

공작 기계 13, 74-75

공정 공학 110-113

공학 설계 과정 38-41

공학과 수학 32-33

공학의 분야 30-31

국제우주정거장 83

굴리엘모 마르코니 23

그레이트웨스턴호 15

그레이트이스턴호 14

기계공학 12-13, 68-87

기초 54-55

기후 위기 126

농업공학 122-123

다리 16, 62-63

단순 기계 11, 76-77

댐 57

도면 46-47

도시공학 16-17, 48-57

로마의 엔지니어 10-11

로버트 자빅 24

로봇공학 102-103

로켓 엔진 26, 83

롤러코스터 34

마이크로칩 94-95

마크 이점바드 브루넬 17

메커트로닉스 102-103

모르페우스 호텔 58

몽스니 터널 16

반도체 23, 94-95

베르너 폰 브라운 27

복합재료 72-73, 80

브루클린 브리지 16

뼈대 54-55, 58-59

산업혁명 12, 14

새턴 V 로켓 27

생화학공학 30, 120-121

석유와 천연가스 114-115

소프트웨어공학 106-107

시제품 39, 41, 42-43

식품공학 118-119

알레산드로 볼타 22
알렉산더 플레밍 25
에르네스트 솔베이 20
엘리 휘트니 13
의공학 86-87
의족/의수 24, 86-87
이점바드 킹덤 브루넬 14, 15
인공 장기 24, 86
인공지능 106-107
인터넷 96-97
임호텝 10
자동차공학 78-79
재료 36-37, 70-71, 72-73, 116-117
전기전자공학 22-23, 88-107
전기전자회로 35, 90-91
제임스 와트 12
제임스 클러크 맥스웰 22
조선해양공학 84-85
조지 E. 데이비스 20
증기 기관 12
지반공학 56-57
철근 콘크리트 50-51
초고층 건물 58-59, 60
카를 보슈 21
컴퓨터 지원 설계(CAD) 44-45
콘크리트 11, 50-51, 60
터널 16, 19, 64-65
테이 브리지 17
토머스 뉴커먼 12

토머스 에디슨 22
통신공학 96-99
판테온 11
퍼시픽 철도 15
펄 스트리트 스테이션 22
포드 모델 T 26
풍력 발전기 35, 61
프랭크 휘틀 26
프리몬트 타워 59
프리츠 하버 21
플랫아이언 빌딩 18
피라미드 10-11
하인리히 헤르츠 22
할렘강의 하이브리지 19
항공공학 26, 80-81
항공우주공학 27, 82-83, 127
헨리 모즐리 13
홍수 차단벽 67
화학공학 20-21, 108-130
환경공학 124-125
힘 34

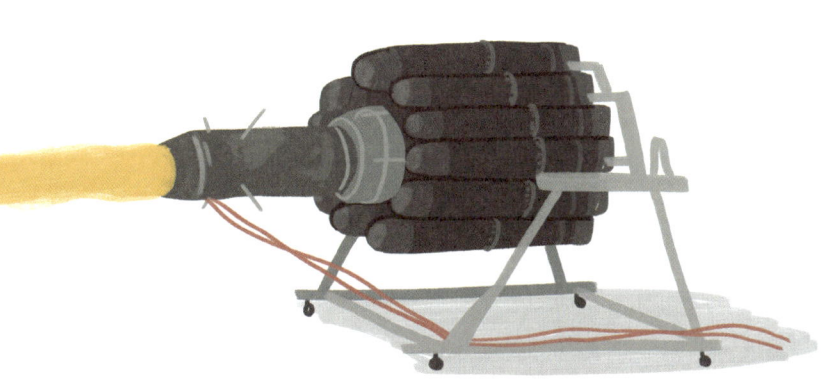

초판 1쇄 발행   2023년 8월 1일
초판 2쇄 발행   2025년 10월 15일

글쓴이   크리스 옥스레이드
그린이   알렉스 포스터
옮긴이   이충한

펴낸이   이혜경
펴낸곳   니케북스
출판등록   2014. 04. 7 | 제 300-2014-102호
주소   서울시 종로구 새문안로 92 광화문 오피시아 1717호
전화   (02)735-9515 | 팩스 (02)6499-9518
전자우편   nikebooks@naver.com
블로그   nikebooks.co.kr
페이스북   www.facebook.com/nikebooks
인스타그램   (니케북스) @nike_books
              (니케주니어) @nikebooks_junior

ISBN 978-89-98062-72-9   74400
      978-89-98062-45-3   (세트)

니케주니어는 니케북스의 아동·청소년 브랜드입니다.

책값은 뒤표지에 있습니다.
잘못된 책은 구입한 서점에서 바꿔 드립니다.

어린이제품 안전특별법에 의한 표시사항

제조자명 니케북스   제조국 대한민국   사용연령 8~13세   제조년월 판권에 별도 표기
주소 서울시 종로구 새문안로 92 광화문 오피시아 1717호   연락처 02-735-9515
주의사항   책 모서리나 종이에 긁히거나 베이지 않게 조심하세요.

이 책은 해동과학문화재단의 지원을 받아
NAEK 한국공학한림원과 니케주니어가 발간합니다.